KB194033

우물 밖 세계를 호흡하는

독자 여러분 되시길

소망합니다.

시대의 우울을 거절하라

모든 인간은 하나님의 형상을 닮은 존엄한 존재입니다. 전 세계의 모든 사람들은 인종, 민족, 피부색, 문화, 언어에 관계없이 존귀합니다. 예영커뮤니케이션은 이러한 정신에 근거해 모든 인간이 존귀한 삶을 사는 데 필요한 지식과 문화를 예수 그리스도의 사랑으로 보급함으로써 우리가 속한 사회에 기여하고자 합니다.

시대의 우울을 거절하라

초판 1쇄 찍은 날 · 2006년 11월 14일 | 초판 5쇄 펴낸 날 · 2007년 11월 23일

지은이 · 김문훈 | **펴낸이** · 김승태

편집 · 이덕희, 방현주 | **디자인** · 이훈혜
영업 · 변미영, 장완철 | **물류** · 조용환, 엄인휘

등록번호 · 제2-1349호(1992. 3. 31.) | **펴낸 곳** · 예영커뮤니케이션
주소 · (110-616) 서울 광화문우체국 사서함 1661호 | **홈페이지** www.jeyoung.com
출판사업부 · T. (02)766-8931 F. (02)766-8934 e-mail: jeyoungedit@chol.com
출판유통사업부 · T. (02)766-7912 F. (02)766-8934 e-mail: jeyoung@chol.com
제작 예영 B&P · T. (02)2249-2506~7

ISBN 978-89-8350-701-3 (03040)

값 11,000원

시대의 우울을 거절하라

김문훈 지음

예영커뮤니케이션

차례

3 나와 이웃 사랑은 실력이다

83

4 영성과 신앙 영성으로 신앙을 말한다

107

5 공동체와 커뮤니케이션 차이는 인정하고 본은 닮는다

147

6 계절과 절기 자연에서 배운다

179

7 말씀과 진리 성경 안에 인생이 있다

211

8 일상과 교훈 인생은 구슬 꿰기다

241

머리말

나는 '현장' 이라는 단어를 좋아한다. 땀 냄새가 배어나고 역동적인 건설이 이루어지는 곳, 그래서 진실한 삶의 모습이 드러나는 현장을 좋아한다. 삶의 현장 속에 말씀을 조명하여 하나님께서 설계하신 원형적인 아름다운 모습을 찾아내는 삶을 살고 싶다. 오늘도 주님은 말씀을 주시고, 살아 있는 생물처럼 삶은 쉼 없이 움직여 나간다. 그곳에 부끄러운 발자취도 아름다운 추억도 모두 남기며 성경 말씀을 품고 현장 속으로 들어간다.

이렇듯 모든 것을 성경적인 관점에서 봐야 실수가 없다. 문제는 말씀과 현장의 괴리다. 지금 우리가 살아가는 이 시대를 일컬어 안개 속을 걷는 것과 같은 불확실한 시대, 급변하는 시대, 좌절과 상실의 시대, 혼돈의 시대라고 부른다. 어떤 것이 기준인지, 어떤 것이 진리인지 도무지 알 수 없는 시대라는 것이다. 그러나 그리스도인들에게는 말씀이라는 판단의 잣대가 있다. 하나님의 말씀을 통해 나를 볼 수 있고 이웃과 세상을 볼 수 있기에 혼돈과 불확실 속에서도 균형 잡힌 삶을 살아갈 수 있다. 그래서 영성이 중요하다.

영성은 자기를 비우는 것으로부터 시작된다. 베드로는 예수님께서 부르실 때 모든 것을 버리고 따름으로써 천국 열쇠를 받았다.

인생의 가치는 얼마나 소유하느냐가 아니라 얼마나 버릴 수 있느냐로 결정된다. 이 세상에 주님보다 더 신뢰할 만한 것은 없다. 그리스도인들에게 있어서 가장 큰 용기는 버릴 수 있는 용기이다. 그것이 현대를 살아가는 지혜이자 하나님의 은혜로 나아가는 길이며 세상을 사는 그리스도인의 힘이다.

리더십이란 영향력이다. 요셉 한 사람으로 인하여 보디발의 집이 복을 받고 이방 애굽이 큰 유익을 얻게 되었듯이 그리스도인은 자신과 주변과 이웃을 유익되게 하는 자가 되어야 하며, 선한 영향력을 가지고 이 세상을 침투해 가는 빛과 소금으로서의 삶을 살아야 한다.

여기에 실린 글들은 수년간 방송과 신문을 통해 내보냈던 칼럼을 모아 정리한 것으로, 우리 주변과 사회의 크고 작은 사건들 및 일상의 삶들을 말씀이라는 렌즈를 통해 조명한 내 나름의 수상록이기도 하다.

창문 틈새로 비치는 햇살을 통해 실내의 미세한 움직임을 고스란히 볼 때가 있다. 성경말씀을 묵상하면서 삶의 다양한 구속을 조명하다가 뜻밖의 새로운 생각이 떠오를 때, 나는 어릴 적 시골 학교에서 미세하게 보았던 햇살 틈새의 움직임들을 떠올린다.

한 장의 원고가 태어나기까지 어떤 경우엔 그야말로 해산의 수고를 겪기도 하지만, 어떤 때는 전광석화(電光石火)와 같이 번득이는 뜻밖의 새로운 생각들, 단상을 몇 분 만에 휘갈겨 놓고는 스스로 놀라기도 한다. 한평생이 걸려서 설교 한 편을 작성할 수도 있고, 5분 만에 인생의 원리를 간파할 수도 있다. 여기에는 5분 간의 묵상이지만 성경 말씀을 날마다 묵상하며 퍼 올린 생수와 삶의 현장의 단편들도 있다.

세상을 바꾸는 것보다 더 힘든 것은 자기 속에 있는 세상을 바꾸는 것이다. 책을 읽는 모든 독자가 고정관념과 자기 세계에서 벗어나 폭넓은 이해심과 열린 시각의 소유자로 우물 밖 세계를 호흡하는 그리스도인이 되기를 바란다.

김문훈

꿈을 간직한 사람은 아름답다
모험으로 사는 인생
유대 땅 베들레헴아
꿈은 대가를 요구한다
꿈과 사랑이 샘솟는 공동체
너희가 먹을 것을 주어라
심는 대로 거두는 원리

1

꿈과 소망 생기와 소망이 우울을 이긴다

꿈을 간직한 사람은 아름답다

요셉이 그들에게 이르되 청컨대 나의 꾼 꿈을 들으시오 (창 37:6).

미국 부시 행정부에서 한인 여성으로는 처음으로 차관보급 국장에 오른 사람이 있다. 전신애 씨가 그 주인공이다. 후문을 들어보니 그녀에게는 '아메리칸 드림' 을 실현시킨 사람으로서 의외의 동기가 있었다.

전신애 씨는 동성동본인 남편과의 결혼을 위해서 50달러만 들고 미국으로 건너갔다. 만약 한국의 현실에 안주했다면 결혼이란 장벽에서부터 그녀의 인생은 좌초되고 말았을 것이다. 그래서 만남의 상처를 안고 그의 능력을 펼쳐 보일 기회조차 얻기 어려웠을 것이다.

사실 주위를 둘러보면 전신애 씨처럼 불합리한 교육제도로 인해 대학에 진학하지 못하다가 미국으로 건너가 명문 대학에 합격하거나 세계적인 과학자나 유명인이 된 사람들도 많다. 그래서 사람을 평가할 때 지금 그의 실력이나 수준보다도 그 사람 속에 있는 꿈이 어떠한지가 중요하다.

하나님은 사람에게 꿈을 주시고 그 꿈을 이루어 가시는 분이다. 특별히 청년의 때야말로 꿈을 간직하고 꿈을 펼쳐가야 할 때이다. 당신이, 젊다면 좁은 한반도의 동강난 땅에서 끝도 없는 경쟁을 하면서 서럽게 살아갈 일이 아니라 세계를 품고 오대양 육대주를 내다보며 살아가길 바란다. 세계 속으로 나가야 한다. 배우러 가든지, 선교사로 나가든지, 그냥 견문을 넓히기 위해서라도 나라 밖으로 나갈 필요가 있다. 그 과정에서 꿈을 찾게 되고, 할 일이 생기고 소명을 발견하기 때문이다.

> 꿈이 있는 사람은 언어생활이 다르다. 불가능이나 자기 상처를 이야기하지 않는다. 대신에 미래에 이루어질 꿈을 생각하며 머리 속으로 그림을 그리고 입술로 시인하고 선포한다.

요셉도 꿈꾸는 자였다. 창세기 37장을 보면 요셉은 계속 자기의 꿈 이야기를 다른 사람에게 말해 주었다. 꿈이 있는 사람은 언어생활이 다르다. 그리고 불가능이나 자기 상처를 이야기하지 않는다. 대신에 미래에 이루어질 꿈을 생각하며 머리 속으로 그림을 그리고 입술로 시인하고 선포한다.

믿음은 바라는 것의 실상이다. 믿음찬 사람은 황당한 말이 언젠가 현실이 되고 꿈 같은 이야기가 실제 상황이 될 것을 확신한다. 또한 꿈이 있는 사람은 자기가 꿈을 꾸지만, 사실은 꿈이 자기를 끌고 가는 것을 느낀다. 꿈꾸는 사람은 주변 사람들의 평판에 대해 소심하게 반응하지 않는다. 요셉은 형들에게 미움을 받고 보디발의 가정에서 큰 누명을 덮어썼지만 그의 생애는 굴절되거나 좌초되지 않았다. 꿈을 이루기까지 포기하지 않고 앞을 바라보았기 때문이다. 세상의 야망은 포기하면 그만이지만, 하나님께서 주신 꿈은 소명이고 사명이기에 사명자는 결코 멸할 수 없다.

꿈이 있는 사람은 대가를 치른다. 미래의 찬란한 꿈을 위해서 현실을 기꺼이 희생하기 때문이다. 꿈을 성취하기까지 안락하고 편한 자리를 마다하며 높은 곳을 향해 나가는 것이다. 꿈을 꾸는 사람은 자기만이 아니라 주변과 이웃을 유익되게 한다.

요셉 한 사람으로 인해 보디발의 집은 복을 받았고 이방 나라 애굽은 큰 유익을 얻었다. 꿈은 누구나 꿀 수 있다. 하나님은 꿈꾸는 자를 복의 근원으로 삼으신다. 그리하여 꿈을 간직한 사람이 아름답다. 壎

> 꿈이 있는 사람은 자기가 꿈을 꾸지만, 사실은 꿈이 자기를 끌고 가는 것을 느낀다. … 꿈을 꾸는 사람은 자기만이 아니라 주변과 이웃을 유익되게 한다.

모험으로 사는 인생

여호와께서 아브람에게 이르시되 너는 너의 본토 친척 아비 집을 떠나
내가 네게 지시할 땅으로 가라 (창 12:1).

21세기를 성공적으로 살아가기 위해서는 세 가지 'V' 자 정신이 필요하다. 첫째가 비전(vision), 둘째는 바이탤러티(vitality), 셋째는 벤처(venture) 정신이다. 비전(vision), 꿈이 있는 사람은 자기가 꿈을 꾸지만, 사실은 꿈이 자기를 끌고 가는 것을 느낀다. 생동감(vitality)은 그야말로 활력소가 된다. 모험심(venture)은 새로운 도전과 개척을 가능케 한다.

성경 역사는 벤처 신앙을 강조한다고 해도 과언이 아니다. 노아는 해양학이나 건축학을 전공한 적이 없지만 어마어마한 방주를 건설했으며, 대홍수 이후 황폐한 땅을 개척할 수 있었으니 벤처 건축가다. 아브라함은 벤처의 원조이다. 갈 바를 알지 못하고서도 하나님의 명령 한 마디에 순종하여 본토 친척 아비 집을 떠났다. 즉 기득권을 포기하고 모리아 정상까지 최고의 믿음으로 오르면서 믿음의 조상이 되었다. 모세는 미디안 광야에서 거의 무모한 벤처 생애를 살았다. 지팡이 하나로 홍해를 가르고 광야를 다녔다.

다윗도 일평생 벤처 체질로 살았다. 들판에서의 목동 시절에는 물맷돌로 자기 양떼를 돌보았고 나중에 골리앗이라는 거인을 만나

서도 어린 시절 들판에서 사자와 곰과 싸우던 그 솜씨로 거인을 쓰러뜨렸다. 엘리야는 기도의 벤처였다. 우리와 성정(性情)이 같은 사람이로되 간절히 기도해서 하늘 문을 열고 닫은 사람이었다. 사도 바울은 오직 벤처 신앙인이었다. 선교사로서 현실에 안주하지 않고 로마까지 나아가 복음을 전했다. 자기 안일이나 석방을 위해 한번도 노력하지 않았으며, 오직 복음이 담대히 증거 되기를 소원한 사람이었다.

신앙생활을 하면 성품이 개발된다. 밝고 적극적인 사람이 된다. 하나님의 일하심을 묵상하면 사람은 반드시 부정적인 생각이 아니라 긍정적인 생각을 하게 된다. 하나님이 선하시기 때문이다.

일전에 중국에 있는 한인 사업가들 모임에서 집회를 인도한 적이 있었다. 그들에게 어려움이 많은 그 곳에서 사업을 할 때 위험 부담이 없느냐고 질문해서, '모험' 으로 하고 있다는 말을 들었다. 모든 부정적인 것을 다 생각하면 아무것도 시작할 수가 없다. 실패에 대한 두려움과 욕 얻어먹는 것에 대해 담대함을 가지고 나가지 않으면 해낼 수 있는 일이란 별로 없을 것이다.

신앙생활을 하면 성품이 개발된다. 밝고 적극적인 사람이 된다. 하나님의 일하심을 묵상하면 사람은 반드시 부정적인 생각이 아니라 긍정적인 생각을 하게 된다. 하나님이 선하시기 때문이다. 선하신 하나님으로부터 나오는 진리의 말씀과 지혜를 공급받는 자는 따라서 긍정적일 수밖에 없다. 그래서 모든 일에서 좋은 점을 바라볼 줄 안다. 시각이 교정이 되는 것이다. 언어도 긍정적으로 변하고 긍정적인 사람들과 사귀면서 자기가 속한 환경까지도 아름답고 창조적인 곳으로 만들어간다. [壎]

선하신 하나님으로부터 나오는 진리의 말씀과 지혜를 공급받는 자는 따라서 긍정적일 수밖에 없다.

유대 땅 베들레헴아!

내가 너로 여자와 원수가 되게 하고 너의 후손도 여자의 후손과 원수가 되게 하리니 여자의 후손은 네 머리를 상하게 할 것이요 너는 그의 발꿈치를 상하게 할 것이니라 하시고 (창 3:15).

베들레헴은 예수님이 태어나 유명해진 땅이다. 한 지역에서 인물이 배출되고, 그 지역 특성이 인물의 형성에 많은 영향을 미치는 경우도 있는 반면, 사람이 지역을 유명하게 만드는 경우도 있다. 지역이 인물을 배출하게 되는 것은 무엇 때문인가?

명문대는 다른 무엇보다도 풍토 곧 분위기, 학풍이 다르고 품격, 자존감 등이 다르다. 왕대밭에서 왕대가 나온다는 말이 있지 않은가? 환경을 무시할 수 없다. 사람은 학습된 대로 행동하기 때문이다. 아름다운 분위기 속에서 아름다운 사람이 난다. 청도(淸道, 경북 최남단의 전원 농촌 지역. 남쪽 중산간지 분지의 특성으로 과수가 잘되어 씨 없는 감(청도반시)이 유명하다.-편집자 주)에 감나무를 심으면 씨 없는 홍시가 열린다. 그 만큼 토양, 분위기, 환경은 중요하다. 그러니 우리가 속한 공동체의 분위기를 좋은 분위기로 만들어 가야 할 것이다.

반면에 인물이 난 한 지역, 인물을 배출한 땅이 유명해지기도 한다. 드라마 〈겨울연가〉가 촬영되었던, 극상 '준상이네 집' 으로 불리는 곳은 지금 관광객으로 들끓고 있다. 출연했던 배우 배용준이 이 드라마를 찍어 창출한 수입이 3조 원에 이른다고 하는데 그 만큼 〈겨울연가〉는 한류열풍을 주도했고, 배우 배용준이라는 한 인물이 그 지역에 미치는 영향이 컸다는 반증일 것이다.

베들레헴이란 지명의 뜻은 '떡집' 이다. 예수님이 생명의 떡으로 오신 것을 의미한다. 이 베들레헴을 향해 선지자는 "유대 땅 베들레헴아 너는 유대 고을 중에 가장 작지 아니하도다. 네게서 한 다스리는 자가 나와서 내 백성 이스라엘의 목자가 되리라" 고 하였다. 베들레헴은 작은 땅이다. 그러나 선지자는 그 땅에 큰 인물, 곧 메시아가 배출될 것을 예언해 작지 않다고 말하고 있는 것이다.

베들레헴은 최초의 순교지였다. 왜냐하면, 당시 유다 왕 헤롯이 예수님 탄생을 동방박사로부터 듣고 두 살 아래 유아를 모두 학살했기 때문이다.

신약성경은, 예수님께서 이 세상에 오신 것을 두고 '때가 찬 경륜' 이라고 기록하고 있다(갈 4:4). '때가 차매' 하나님이 그의 아들을 보내신 것이다. 알렉산더가 언어를 통일하고 '모든 길은 로마로 통한다' 는 말이 있을 만큼 발달된 도로망을 갖춘 로마제국 통치기에, 민생은 도탄에 빠져 구원자, 메시아를 대망할 그 때에 예수님은 한 작은 고을 베들레헴에서 태어나셨다.

한편 베들레헴은 최초의 순교지였다. 왜냐하면, 당시 유다 왕 헤롯이 예수님 탄생을 동방박사로부터 듣고 두 살 아래 유아를 모두 학살했기 때문이다. 그 아기들의 어머니들이 울부짖는 통곡이 있었다. 왜 이러한 일이 일어나야 했는가? 그것은 창세기 3장 15절에 예언된 바로 그 사건, 뱀의 후손과 여인의 후손간의 싸움이 실현되었기 때문이다. 옛 뱀은 메시아의 출현을 막으려 한 것이다.

인생사나 세상사가 다 이 같은 영적 전쟁의 연속이라 해고 과언이 아닐진대, 우리는 이 싸움에서 밀려서는 안 된다. 우리가 속한 공동체 역시 모든 도전을 이겨내고 메시아를 배출한 베들레헴처럼 영적전투에서 개선가를 부를 때까지 포기하지 않고 한 마음으로 나아가야 하리라.

한편, 메시아가 탄생한 베들레헴 땅에 멀리서 찾아 온 축하객이 있었다. 그들은 별을 보고 온 동방의 박사들이었다. 그들은 별을 보다 주님의 나심을 알게 되었고, 아기 예수께 경배하며 황금, 유향, 몰약을 예물로 드리게 되었다. 별을 바라보다가 참된 스타인 예수 그리스도를 만나게 된 것이다.

땅만 쳐다보지 말고 하늘을 우러러 보며 꿈을 안고 살아가야 할 것이다. 주님을 사모하는 마음으로 꿈을 안고 하늘을 바라보며 살아가야 할 것이다. 壎

창세기 3장 15절에 예언된 바로 그 사건, 뱀의 후손과 여인의 후손간의 싸움이 실현되었다. '옛 뱀'이 메시아의 출현을 막으려 한 것이다. 인생사나 세상사가 다 이 같은 영적 전쟁의 연속이라 해고 과언이 아닐진대, 우리는 이 싸움에서 밀려서는 안 된다.

꿈은 대가를 요구한다

사람의 일을 따라 보응하사 각각 그 행위대로 얻게 하시나니 (욥 34:11).

역사는 도전과 응전의 역사라고 했다. 만사가 작용과 반작용이 있다. 밀물이 있으면 썰물이 있고, 오르막이 있으면 내리막이 있다. 폭풍이 있으면 후폭풍도 있다.

온 세계를 충격과 공포로 몰아넣었던 9.11테러는 그 뿌리를 오랜 중동 사태에서 찾아볼 수 있다. 그 테러를 발본색원(拔本塞源)한다고 이라크를 향한 미국의 '충격과 공포' 작전이 수행되기도 했다. 응징을 하기 위해서든 예방 차원에서든 미국의 그 대처로 가족을 잃고 집이 파괴된 사람들은 원한을 품고 자살 폭탄 테러에 자원을 했다. 언젠가 또 충격적인 사건이 일어날 것이다. 일방적인 전쟁이란 있을 수가 없다. 강압적일수록 피해자의 가슴엔 울분이 쌓이고 그 힘은 폭발적이고도 끔찍한 공격성을 띠게 마련이다.

오죽했으면 부부 싸움에서도 이기면 배우자를 잃는다고 했을까! 부부 싸움은 이기고 지는 것이 아니다. 일방적으로 끝나는 싸움은 속으로 잠복하는 신경전이 되고, 나중에는 사람을 싫어하고 증오하게 만든다.

지렁이도 밟으면 꿈틀거리게 된다. 말이 없다고 다 동의하는 것은 아니다. 사실 말이 없는 사람이 더 무섭다. 아이들도 말이 없다가 갑자기 사고를 일으키는 경우가 더 심각하다. 날이 가물 때는 물이 없는 것이 아니고 지하로 흐른다. 사람이 많이 슬프면 눈물로 울지 않고 온몸으로 흐느낀다. 배부른 담장이 위험하다고 언젠가 터질 때면 엄청난 파괴력이 나타나기 때문이다. 감정을 참고 억누르다 보면 댐이 터지듯이 굉장한 폭발이 일어날 수가 있다.

> 오죽했으면 부부 싸움에서도 이기면 배우자를 잃는다고 했을까! … 일방적으로 끝나는 싸움은 속으로 잠복하는 신경전이 되고, 나중에는 사람을 싫어하고 증오하게 만든다. … 말이 없다고 다 동의하는 것은 아니다.

세상에 공짜는 없다. 사람들은 공짜를 좋아하지만 싼 게 비지떡이라고 했다. 비싼 것은 그만큼 대가를 치러야 한다. 속담에 콩 심은 데 콩 나고, 팥 심은 데 팥 난다고 했다. 성경은 이를 심은 대로 거두리라고 가르친다. 무엇이든지 정직하게 생각하고 분명하게 현실을 파악해야 한다. 감당할 능력이 없으면서 일만 저지르는 것이 미덕이나 믿음일 수 없다. 매사에 반작용은 반드시 있다. 공짜는 없다. 대가를 기억해야 한다.

사람이 무시 받거나 마음에 아픔이 생기면 그것이 인격의 상처가 되고, 상처가 오래 쌓이면 인생의 한이 된다. 여자가 한을 품으면 오뉴월에도 서리가 내린다는 속담이 있다. 우리나라 사람들은 한의 백성들이다. 정서적으로 많은 경우 다 말하지 못하고 산다. 그러다 보니 표현 못한 무수한 말들은 한이 되고 시간이 흐르면서 마음에 쓴 뿌리가 되기도 한다. 조용하던 사람이 어느 날 공격적인 사람이 된다. 터질 듯한 풍선은 바람을 빼 주어야 한다.

꿈은 대가를 요구한다. 정당한 대가를 지불하라. 공짜를 좋아하지 말라. 값을 치러라. 행사 준비만 아니라 행사 후에도 신경을 써야 한다. 물고기를 잡는 것도 중요하지만 잡아 놓은 물고기도 신경 써야 한다. 壎

> 날이 가물 때는 물이 없는 것이 아니고 지하로 흐른다. … 꿈은 대가를 요구한다. … 행사 준비만 아니라 행사 후에도 신경을 써야 한다. 물고기를 잡는 것도 중요하지만 잡아 놓은 물고기도 신경 써야 한다.

꿈과 사랑이 샘솟는 공동체

야곱이 라헬을 위하여 칠년 동안 라반을 봉사하였으나 그를 연애하는 까닭에 칠년을 수일 같이 여겼더라 (창 29:20).

1963년 8월 28일 노예해방 100주년을 기념해 워싱턴에서 열린 평화 행진에 참가했던, 미국의 흑인 인권 운동가 마틴 루터 킹은 이날 미국의 흑인 인권 운동사에 길이 남을 의미 있는 연설을 했다. '나에게는 꿈이 있습니다' 라는 구절로 유명한 이 연설은 미국인들에게 인종 차별 문제의 심각성을 일깨우는 중요한 역할을 했고, 미국 인권 운동의 발전을 앞당기는 데 가장 크게 공헌했다는 평을 받는다.

> 나의 친구인 여러분들에게 말씀드립니다. 고난과 좌절의 순간에도, 나는 꿈을 가지고 있다고. 이 꿈은 아메리칸 드림에 깊이 뿌리를 내리고 있는 꿈입니다. 나에게는 꿈이 있습니다. 언젠가 이 나라가 모든 인간은 평등하게 태어났다는 것을 자명한 진실로 받아들이고, 그 진정한 의미를 신조로 살아가게 되는 날이 오리라는 꿈입니다. 언젠가는 조지아의 붉은 언덕 위에 예전에 노예였던 부모의 자식과 그 노예의 주인이었던 부모의 자식들이 형제애의 식탁에 함께 둘러앉는 날이 오리라는 꿈입니다.… (중략) …오늘 저에게는 꿈이 있습니다.

어느 날 모든 계곡이 높이 솟아오르고, 모든 언덕과 산은 낮아지고, 거친 곳은 평평해지고, 굽은 곳은 곧게 펴지고, 하나님의 영광이 나타나 모든 사람들이 함께 그 광경을 지켜보는 꿈입니다. 이것이 우리의 희망입니다. 이것이 제가 남부로 돌아갈 때 가지고 가는 신념입니다. 이런 신념을 가지고 있으면 우리는 절망의 산을 개척하여 희망의 돌을 찾아낼 수 있을 것입니다. 이런 희망을 가지고 있으면 우리는 이 나라의 이 소란스러운 불협화음을 형제애로 가득 찬 아름다운 음악으로 변화시킬 수 있을 것입니다. 이런 신념이 있으면 우리는 함께 일하고 함께 기도하며 함께 투쟁하고 함께 감옥에 가며, 함께 자유를 위해 싸울 수 있을 것입니다. 우리가 언젠가 자유로워지리라는 것을 알기 때문입니다. 그 날은 신의 모든 자식들이 새로운 의미로 노래 부를 수 있는 날이 될 것입니다.

> 묵시가 없는 백성은 망한다고 했다. 꿈을 포기하는 이들이 겪게 될 손실은 인생의 반은 고통으로 보내게 될 것이요 … 꿈의 파장을 일으켜 다른 이들의 가슴에도 그 꿈이 샘솟게 한다. 독일의 통일도 작은 기도 운동으로부터 태동했다.

사람은 자기 인생에 대해 어떤 구상을 하느냐에 따라 다른 인생을 살게 된다. 그러기에 어떤 꿈을 가지고 사느냐 하는 것이 중요한 것이요 교회는 그런 꿈의 현상소가 되어야 한다. 묵시가 없는 백성은 망한다고 했다. 꿈을 포기하는 이들이 겪게 될 손실은 인생의 반은 고통으로 보내게 될 것이요 부자가 될 수 없다는 것이다. 반면에 꿈을 포기하지 않는 이들이 겪게 될 유익은 인생의 반을 즐거움으로 살게 되고 반드시 부자가 될 것이라는 것이다.

사도 바울도 꿈의 사람이었다. 그는 환상 중에 마게도냐 사람이 '건너와 우리를 도우라' 고 손짓하는 장면을 보고 유럽으로 건너가게 되었다. 그때 그의 유럽 전도여행은 단순한 이웃 전도의 차원을 넘어 유럽을 복음화하고 결국 지금의 서구 문명을 낳게 하였던 것이다. 또한 바울에게는 '내가 로마도 보아야 하리라' 고 하는 꿈이 있었기에 유라굴라 광풍을 만나 배가 파선하는 위기 속에서도 살 소망을 잃지 않았고, 마침내 그 배에 함께 탄 모든 이들과 함께 생존하여 로마에 가게 되었다.

꿈은 또한 파급효과가 있다. 꿈은 파장을 일으켜 다른 이들의 가슴에도 그 꿈이 샘솟게 한다. 독일의 통일도 작은 기도 운동으로부터 태동했다. 독일 라이프찌히에 있는 니콜라이교회의 월리 목사와 7명의 성도로 시작된 독일통일을 위한 기도 운동이 그 발원지였다. 작은 교회에서 몇몇의 기도 일꾼들이 시작한 통일 기원 기도 운동이 57만 명의 동참을 이끌어낸 것이다. 그리고 마침내는 이듬해 1990년 10월에 베를린 장벽이 무너지게 하는 엄청난 힘을 발휘했다.

교회는 꿈이 샘솟는 곳이 되어야 한다. 뿐만 아니라 사랑이 샘솟는 곳이 되어야 한다. 수가성 우물가에서 예수님을 만난 사마리아 여인은 사랑받고 행복해지려고 몸부림친 여인이었다. 그러나 다섯 명의 남편으로부터도 진정한 사랑과 행복을 얻지는 못하였다. 그러다가 예수님을 만나 영생하도록 솟아나는 샘물을 알게 되었다. 그 후 그의 인생은 달라졌다.

이 세상의 '것'은 바닷물과 같다. 마실수록 계속 갈증 나게 할 뿐이다. 그러나 주님께서 주시는 물, 곧 영생하도록 솟아나는 샘물, 우리 안에 역사하시는 성령은 우리에게 참된 만족과 기쁨을 준다. 야곱은 라헬을 향한 사랑이 있었기에 외삼촌 집에서 봉사한 7년을 수일처럼 여겼다. 사랑이 그의 마음속에 샘솟은 결과였다.

꿈이 샘솟는 사람은 어떠한 역경도 견디고 나아가며, 불가능해 보이는 현실도 이겨나간다. 아브라함이 75세에 받은 꿈은 100세에 낳은 아들 한 명에서 시작했다. 그러나 그 한 명으로 시작된 아브라함의 자손은 이제 세계 37억 명이 되었다. 하루 평균 아브라함의 자손이 10만 명씩 태어난다는 통계가 나오는 셈이다. 요셉의 꿈은, 노예로 팔리고 감옥에 갇히기까지 했을망정 현실을 딛고 마침내 애굽의 총리가 되는 현실로 실현되었다. 샘솟는 사랑과 꿈으로 현실을 이기고 사랑하며, 기쁨으로 살아가게 되기를 바란다. 壎

야곱은 라헬을 향한 사랑이 있었기에 외삼촌 집에서 봉사한 7년을 수일처럼 여겼다. 사랑이 그의 마음속에 샘솟은 결과였다.

너희가 먹을 것을 주어라

예수께서 이르시되 너희가 먹을 것을 주어라 하시니 여짜오되 우리에게 떡 다섯
개와 물고기 두 마리 밖에 없으니 이 모든 사람을 위하여 먹을 것을 사지
아니하고는 할수 없삽나이다 하였으니 (눅 9:13).

예수님께서 떡 다섯 개와 물고기 두 마리를 가지고 남자만 세어도 5,000명이나 되는 많은 무리를 먹이신 오병이어 사건은 4복음서 모두에 나오는 몇 안 되는 사건 중 하나이다. 이 사건의 배경은 이러하다. 예수님께서 열두 제자를 불러 모아 모든 귀신을 제어하고 병 고치는 권세를 주신 후, 하나님의 나라를 전파하고 앓는 자를 고치게 하려고 저들을 파송하셨다(눅 9:1-2). 그리고 제자들이 그 일들을 행한 후 돌아와 예수님께 사역보고를 한다.

매사에 때가 있다. 계획할 때가 있고 실시할 때가 있고 결산할 때, 곧 우리 주님 앞에 나의 삶과 사역에 대해 보고할 때가 있는 것이다. "사람은 '계실평(計實平)' 이 강해야 한다."는 말이 있다. 선명한 목표를 가지고 구체적이면서 현실적인 계획을 하고, 철저하게 실행한 후 정확한 수치적 자료를 가지고 평가를 실시해야 한다는 것이다. 그냥 얼렁뚱땅 넘어가는 것이 은혜가 아니다. 가장 법대로 하는 것이 가장 은혜롭게 하는 것이라는 말이 있다.

예수님은 제자들이 사역을 하고 돌아와 자신들의 사역 결과에

대해 보고하는 것을 들으시고는, 그들을 데리고 벳새다라는 고을로 가셨다. 예수님의 제자훈련은 항상 이처럼 '확산과 집중'을 병행하는 방식이었다. 훈련하시고 파송하시며, 돌아오면 또 훈련하시는 방식이었다. "수고하고 무거운 짐진 자들아 다 내게로 오라"하시는 주님은 또 "너희는 가서 모든 족속으로 제자를 삼아"라고 하신다. 교육하시고 또한 전도하게 하셨다. 그와 같이 예수님은 자신이 파송한 제자들이 돌아와 보고할 때, 그들을 따로 데리고 한적한 곳에서 쉬시면서 제자훈련을 계속하고자 하셨다.

> 무리는 무책임한 존재들이다. 예수님을 자기들의 왕으로 삼으려 했다가 또 예수님을 십자가에 못 박으라고 한 자들도 이 '무리' 아니었던가. 그런 무리들, 그러나 주님은 이 무리들을 영접하셨다(눅 9:11).

그런데 무리들이 그곳까지 따라온 것이다. 무리는 무책임한 존재들이다. 예수님을 자기들의 왕으로 삼으려 했다가도 예수님을 십자가에 못 박으라고 한 자들도 이 '무리' 아니었던가. 그런 무리들, 그러나 주님은 이 무리들을 영접하셨다(눅 9:11). 당신의 스케줄, 당신의 컨디션 보다 무리들의 필요에 맞추신 것이다. 그들을 가르치고 고치시고 전하시는 일을 하셨다. 어느덧 날이 저물었다. 제자들이 예수님께 이들이 마을에 가서 유숙하고 먹을 것을 사먹도록 보내자고 한다. 그러나 예수님은 "너희가 먹을 것을 주라"고 하신다(눅 9:13).

지금 예수님과 제자들, 그리고 무리들이 있는 곳은 빈들이다. 아무것도 없는 빈들인 것이다. 그런데 예수님은 제자들에게 '너희가 먹을 것을 주라' 고 하신다. 이해가 안 가는 말이다. 우리의 삶은 어떠한가? 경기 악화로 많은 사람들이 경제난에 허덕이고 있다. 마이너스 통장, 신용불량, 카드 빚……, 우리의 삶도 빈들이다. 그런데 예수님은 제자 된 우리들에게, 빈들 같은 삶을 사는 우리들에게 '너희가 주라' 고 하신다. 이해하기 어려운 말씀 같다.

그러나 주님의 시각은 제자들의 그것과는 달랐다. 이미 너희 안에 있다고 말씀하신 것이다. 주님이 주신 가능성이 있으니 발견하라고 하신다. 가능성, 잠재력, 자생력이 있으니 발견하라고 하신다. 그리하여 예수님 앞에 제자들이 가져온 것은 보리떡 다섯 개와 물고기 두 마리가 전부였다. 예수님은 제자들에게 있는 그것을 '가지사 축사' 하셨다. 그리고 그것을 가지고 일하셨다. 주님은 항상 그런 식으로 일하신다. 우리가 가지고 있는 그 무엇, 이미 우리에게 주신 그 무엇, 모세의 지팡이, 다윗의 물맷돌, 삼손의 나귀턱뼈, 라합의 붉은 줄, 우리에게 있는 그 무엇을 가지고 일하신다. 주님 앞에 가지고 나오면 그걸 통해 역사하시는 것이다.

무리를 "떼를 지어 한 50명씩 앉히라" 고 하신 후 하늘을 우러러 축사하시고, 떼어 제자들에게 주어 무리 앞에 놓게 하였다. 그러자 그 많던 무리가 모두 배불리 먹고 그 남은 조각 열두 바구니를 거두게 되었다.

주님은, 우리가 없는 것에 집중하거나 불가능에 낙담하는 것을 원치 않으신다. 이미 주신 것이 무엇인지, 그 속에서 가능성을 발견

하고 감사함으로 나아가기를 원하신다. 壎

주님은, 우리가 없는 것에 집중하거나 불가능에 낙담하는 것을 원치 않으신다. 이미 주신 것이 무엇인지, 그 속에서 가능성을 발견하고 감사함으로 나아가기를 원하신다.

심는 대로 거두는 원리

스스로 속이지 말라 하나님은 만홀히 여김을 받지 아니하시나니 사람이 무엇으로 심든지 그대로 거두리라(갈 6:7).

살아가면서 터득하게 되는 원리중의 하나는 세상에는 공짜가 없다는 것이다. 무엇이든지 심는 대로 거두게 된다. 그러면 무엇을 어떻게 심어야 할까?

첫 번째 원리는 "가르침을 받는 자는 말씀을 가르치는 자와 모든 좋은 것을 함께 하라"(갈 6:6)는 말씀 속에서 찾을 수 있다. 좋은 땅에, 좋은 나무에, 좋은 열매가 맺히듯이 좋은 것을 얻기 위해서는 좋은 사람과 함께해야 한다. 거목 사이에서 거목이 자라듯이 분위기와 배경이 중요하다는 말씀이다.

좋은 사람을 보고 자라면 그 사람에게서 신비한 삶의 비밀을 보게 되므로 그 사람과 같이 살아야겠다는 생각이 들게 되고, 좋은 것을 가르치는 자와 좋은 것을 나누면 덩달아서 좋아지게 된다. '친구 따라 강남 간다' 라는 말이 있듯, 어디서든지 뭔가를 배울 수 있는 사람, 교훈이 되고 도전이 되는 사람을 만나야 한다. 나 자신도 좋은 사람이 되어야 하지만 좋은 사람을 만나서 좋은 것을 함께하다 보면 좋은 공동체가 형성되고, 형성된 좋은 분위기 속에서 좋은 것을 거두게 된다.

두 번째 원리는 "스스로 속이지 말라 하나님은 만홀히 여김을 받지 아니하시나니 사람이 무엇으로 심든지 그대로 거두리라"(갈 6:7)는 것이다. DNA합성, 유전자 변형에 따른 슈퍼 콩의 등장, 로또 당첨으로 인한 일확천금 등, 땀을 흘리지 않고 쉽게 소득을 얻으려고 하거나 요행수를 바라는 이들이 많다.

그러나 그것은 하나님을 속이고 스스로를 속이는 것이 된다. 하나님은 속임을 받는 분이 아니시다. 심는 대로 거둔다는 것이 성경의 원리, 하나님의 말씀이다. 콩을 심을 때, 콩을 거둘 것을 알고 심는 사람이 정직한 사람이다. 크리스천조차 영적인 거품을 만들고, 마음에 생기는 잡초를 방치해서는 안 된다.

그러므로 무엇을 심기 전에 먼저 적게 심고 많이 거두려는 욕심, 약간 심고 크게 거두려는 요행수, 대박을 터뜨려보겠다는 생각 등 우리 마음의 거품을 제거해야 한다.

세 번째 원리는 "자기의 육체를 위하여 심는 자는 육체로부터 썩어진 것을 거두고 성령을 위하여 심는 자는 성령으로부터 영생을 거두리라"(갈 6:8)는 것이다. 심고 거둘 때 어떤 방향을 갖고 하느냐의 중요성에 대한 말씀이다. 즉, 육체를 위해 심지 말고 신령하게 심으라는 것이다. 육체란 무엇인가? 창세기 6장에는 창조된 인간이 타락했을 때, 하나님께서 인간을 만든 것을 한탄하시면서 "모든 사람이 육체가 되었다"고 하시는 기록이 나온다. 그때 하나님께서 보신 사람의 이미지는 인격이 아니고 육체에 불과하였다는 뜻이다. 육체의 소욕을 따라가다 보면 반드시 썩어진 것만 남게 된다. 인간은 영과 육으로 되어 있기 때문에 육체적인 욕구도 대단하지만 영적인 욕구도 강하다. 그리스도인은 영으로 육체를 다스려야 한다. 영혼이 잘 됨 같이 범사가 잘 되고 강건한 것이(요한삼서 2절) 순서다. 따라서 영혼이 잘 되어야 한다.

그러기 위해서는 신령한 것을 사모하는 자가 되어야 한다. 힘들어도 새벽을 깨우고, 부르짖고, 구하고 찾는 자가 되어야 하며, 말씀을 주야로 묵상하는 자가 되어야 한다. 구하는 대로, 심은 대로, 믿음대로, 꿈꾼 대로 하나님이 채워주신다고 하셨듯이 믿음의 세계는 약속이 확실하므로 좋은 것을 내가 심어야 한다.

> 무엇을 심기 전에 먼저 적게 심고 많이 거두려는 욕심, 약간 심고 크게 거두려는 요행수, 대박을 터뜨려 보겠다는 생각 등 우리 마음의 거품을 제거해야 한다. … '좋은 생각을 심으면 좋은 행동을 거두고, 좋은 행동을 심으면 좋은 습관을 거두고, 좋은 습관을 심으면 좋은 성품을 거두고, 좋은 성품을 심으면 좋은 운명을 거둔다'

네 번째 원리는 "우리가 선을 행하되 낙심하지 말지니 피곤하지 아니하면 때가 이르매 거두리라"(갈 6:9)는 것이다. '한 송이 국화꽃을 피우기 위해 봄부터 소쩍새가 울어' 야 하듯이 심고 거두는 대는 다 때가 있다.

선을 행한다고, 말씀대로 산다고 해서 당장 복을 받는 것은 아니다. 말씀대로 살고 선을 행하고자 작정하면 그때부터 시험과 환란이 본격적으로 온다. 왜냐하면 내가 기도하고 찬송하고 예배드리는 것을 마귀가 싫어하기 때문이다. 예배를 잘 드리면 하나님의 기뻐하시는 뜻을 알게 되고, 기도하면 하나님이 권능을 부어주셔서 마귀를 이기게 되므로 마귀의 방해, 즉 시험이 오게 된다.

두 번째 이유는 기도를 해야겠다고 작정할 때는 이미 내 속에 영적인 재고가 바닥난 상태이므로 뭔가 불안한 생각이 들게 되고 유혹과 시험이 찾아오기 때문이다. 그러나 이 모든 것을 이겨내야 한다. 환난과 고통을 이겨내고 낙심하지 말아야 한다. 때를 놓치지 말고 계속해서 선을 행해야 한다. 위기가 기회다.

다섯 번째 원리는 "기회 있는 대로 착한 일을 해야 한다"(갈 6:10)는 것이다. 할 수만 있으면 기회 있는 대로 선한 행실을 하여 하나님께 영광을 돌리고 살아야 한다. '좋은 생각을 심으면 좋은 행동을 거두고, 좋은 행동을 심으면 좋은 습관을 거두고, 좋은 습관을 심으면 좋은 성품을 거두고, 좋은 성품을 심으면 좋은 운명을 거둔다'는 말이 있다.

심은 대로, 뿌린 대로 거두게 된다. 그러므로 기도를 심으면 응답이 오고, 말씀을 심으면 역사가 일어난다. 사랑하는 가족을 위해서도 기회 있는 대로 착한 일을 행하고, 좋은 것을 많이 심는 자들이 되어야 하는 것은 언젠가 그 열매를 거두기 때문이다.

자라나게 하시는 분은 하나님이시다. 우리는 다만 때를 얻든지 못 얻든지 복음을 심는 자들이 되면 된다. 할 수 있는 대로, 기회 있는 대로 모든 이들에게 착한 일을 해서 하나님 앞에 큰 축복을 받을 뿐만 아니라 심은 대로 거두고, 꿈꾼 대로 열매를 맺는다면 얼마나

좋겠는가. 壎

자라나게 하시는 분은 하나님이시다. 우리는 다만 때를 얻든지 못 얻든지 복음을 심는 자들이 되면 된다.

우물을 벗어나 세계를 호흡하라

신(新)출애굽기

개혁은 누룩처럼 내부에서 소리 없이 일어난다

지도자가 가져야 할 5가지 안경

멍석을 깔자, 지경을 넓히자

창조적 소수가 그립다

겨자씨가 숲이 되는 비전을 보라

선한 목자의 4가지 특징

정치인의 뒷모습

지팡이와 막대기

부흥의 흐름

잘 살기 위한 4가지 조건

역사의 물꼬를 트는 사람

2

비전과 리더십 **창조적 소수가 그립다**

우물을 벗어나 세계를 호흡하라

내가 모세에게 말한 바와 같이 무릇 너희 발바닥으로 밟는 곳을
내가 다 너희에게 주었노니 (수 1:3).

고정관념에 사로 잡혀 있는 사람과 대화하기란 쉽지 않다. 대놓고 화를 내는 것이 대화라면 몰라도, 원활한 의사소통은 여간 힘든 일이 아니다. 자기 세계에만 갇혀 있으니 다른 사람들이 그 속으로 비집고 들어갈 여지가 없다.

고정관념에 빠져 있는 사람들이 제일 답답한 사람이라고 말하는 소리를 들은 적이 있다. 객관화되지 않은 개인의 확신은 여러 사람을 불편하게 한다.

우물 안의 개구리라는 말이 있다. 소아적인 자기 세계에만 함몰되어 있는 사람을 말함이리라. 대학에서 교목으로 사역할 때에 '우물 밖 개구리' 라는 특이한 모임이 있었다. 스코틀랜드 출신 벽안의 의료선교사님이 이끄는 모임이었는데, 학생들이 눈을 열어서 세계를 바라보고 큰 꿈을 가지고 살라고 그렇게 지었다.

우물 안의 개구리와 우물 밖의 개구리는 다르다. '우물 밖 개구리' 는 한반도 남단 구석에 있지만 세계를 가슴에 품은 월드 크리스천으로서 더 넓은 세계를 향해 준비하는 모임이었다. 그때 몇 안 되는 소수의 의학도, 간호학도는 벌써 의사가 되고 간호사가 되어서

선교사적인 삶을 살아가고 있다. 그 모습을 볼 때에 의식의 세계에서 벌써 지경이 달랐다는 것을 보게 된다.

고치 속의 번데기가 나방이 되어 고치를 벗어나 날아 오를 땐 차원이 다른 세계가 열린다. 우리나라는 재산이 사람뿐이다. 석유가 나는 것도 아니고 석탄이 풍부한 것도 아니다. 사람을 키워야 한다. 싱가포르는 남한의 1/160 밖에 되지 않는 작은 땅이지만 1인당 국민 총생산이 3만 달러가 넘는다.

나라가 발전하고 경제가 부흥하려면 기업이 잘 되어야 하는데, 기업이 사느냐 죽느냐 하는 문제의 핵심은 CEO(최고경영자) 한 사람에게 달려 있다. CEO 한 사람에 따라서 망하던 회사가 일어나기도 하고, 잘 되던 회사가 부도가 나기도 한다. 제대로 된 CEO 한 사람이 그렇게 중요하다.

그가 리더십을 발휘할 때 모든 게 순조롭게 되지만, 거만하고 방만할 뿐만 아니라 안이하게 대처하면 좋던 회사도 곧 어려움에 빠지고 만다. 미국 경제는 기업 공략가(적대적 M&A)들이 방만한 경제 구조를 고치고 미국 경제를 경쟁력 있게 만들어 간다고 한다.

자기 세계 속에 갇혀 있지 말고 스스로를 열린 사람으로 만들어서 만물을 열고 견문을 넓히고 고정관념을 벗어나 폭넓은 이해심을 가진, 대화 가능한 사람이 되어야 한다. 모든 문제의 뒤에는 대화의 부족이라는 원인이 있고 대화는 마음을 여는 사람만이 가능하다.

선교는 문화의 장벽을 넘어가는 것이 아니라 마음의 장벽을 넘어서 가는 것이라고 생각한다. 나가면 있고 안 나가면 없다. 하나님은 발바닥으로 밟는 것을 다 주시겠다고 여호수아에게 약속하셨다.

내 마음의 우물을 벗어나 세계를 호흡하는 사람이 되어서 이 땅의 많은 사람들이 세계를 일터로 교구 삼기를 바란다. 壎

선교는 문화의 장벽을 넘어가는 것이 아니라 마음의 장벽을 넘어가는 것이라고 생각한다. 나가면 있고 안 나가면 없다.

신(新)출애굽기

레위 족속중 한 사람이 가서 레위 여자에게 장가 들었더니 (출 2:1).

일제식민치하 시절, 조국교회 설교자들은 출애굽기를 본문으로 강단에서 설교할 수 없었다. 그 이유는 출애굽기 설교를 듣고 나면 식민치하에 있던 조선인 성도들이 자유와 해방에 대한 열망을 갖게 될 것을 일제가 두려워했기 때문이다. 그만큼 출애굽기의 메시지는 눌린 자들에게 희망을 주는 말씀이다.

오늘을 사는 우리도 비록 일제치하는 아니지만 많은 것에 의해 눌림을 당하고 있는 것이 사실이다. 건강상의 문제가, 가정불화가, 자금난이, 얽혀진 관계 등이 우리의 삶을 억누르는 스트레스의 요인이 된다. 성경은 "진리를 알지니 진리가 너희를 자유케 하리라(요 8:32)"고 말씀하고 있다. 신앙생활은 업그레이드 되는 삶이요, 자유케 되는 삶이다. 그러므로 우리 역시 우리를 억누르고 얽매이게 하는 모든 것들로부터 탈출하는 비결인, 하나님의 말씀인 성경을 배워야 한다. 이스라엘의 출애굽을 영도했던 모세의 유년기를 통해 출애굽의 방편들을 살펴볼 수 있다.

모세가 태어날 때 즈음 이스라엘 민족은 참으로 힘든 세월을 보내고 있었다. 요셉은 죽고 '요셉을 알지 못하는 새 왕'이 애굽을 다스리고 있었기 때문이다. 세월이 무섭다. 가는 세월을 그 누가 막으랴? 그리고 그 세월은 늘 우리의 마음을 아는지 모르는지 무심하게 도도히 흘러간다. 역사가 항상 내 편한 대로만 흘러가 주면 얼마나 좋겠는가? 그러나 그렇지 않다. 익숙했던 것들은 사라지고 새로운 것이 항상 일어난다. 그러한 변화들은 또 우리에게 혼란을 안겨 주고 심적 중압감을 더하기도 한다.

> 역사는 모래시계와 같은 것이다. 이스라엘 민족은 점점 그 수가 중다하여 갔다. 이는 분명 하나님이 주신 축복이요, 아브라함에게 하신 약속의 성취였다. 그러나 그것은 한편 탄압의 원인이 되었다. 그 탄압은 사내아이가 태어나면 다 하수가에 던지라 명령할 정도로 극심했다.

요셉이 총리로 통치하던 때와 그를 알던 왕조가 다스리던 때, 이스라엘은 애굽 땅에서도 그 삶이 비교적 안락했다. 그러나 요셉을 알지 못하는 왕이 통치할 때에는, 이스라엘 민족 앞에 기다리고 있는 것은 극심한 탄압뿐이었다. 한 개인의 인생사나 한 나라, 민족, 인류의 역사는 모두 오르막이 있으면 내리막이 있다.

역사는 모래시계와 같은 것이다. 이스라엘 민족은 점점 그 수가 중다하여 갔다. 이는 분명 하나님이 주신 축복이요, 아브라함에게 하신 약속의 성취였다. 그러나 그것은 한편 탄압의 원인이 되었다. 그 탄압은 사내아이가 태어나면 모두 다 하수 가에 던지라 명령

할 정도로 극심했다.

하지만 성경은 이런 환란의 때에 한 레위인 남자가 한 레위 여자에게 장가들어 사내아이를 낳았다는 이야기로부터 출애굽의 역사를 서술하고 있다(출 2:1). 그렇다. 우리의 시대가 어떠하든지 우리는 늘 현 상황에서 최선을 다하고 행복하게 사랑하며 살면 되는 것이다. 암울한 세월을 내가 걱정한들 달라지는 것은 없다. 그저 내게 주어진 삶에 최선을 다할 때 주님은 그 삶을 통해 역사를 움직여 가시는 것이다.

모세를 태운 갈대상자에는 노도, 돛도, 키도 없었다. 그러나 세찬 물살에 어떻게 될지, 나일 강 악어의 한 끼 식사도 안 될 그 작은 상자는, 하나님께서 지키시고, 역사하셨다. 그 갈대상자는 이스라엘의 미래를 싣고 흘러가고 있었던 것이다. 하나님은 이처럼 작은 것을 통해 역사하신다.

하나님은 또한 사람을 통해 역사하신다. 모세의 유년기에 하나님은 적어도 다섯 여인을 출애굽의 방편으로 사용하셨다. 하나님을 두려워하여 바로의 명을 따르지 않은 히브리 산파들과, 모세의 준수함을 본 믿음의 안목을 가진 모세의 어머니, 떠내려가는 갈대상자를 끝까지 추적해 바로의 딸에게 친모를 유모로 소개한 모세의 누이 미리암, 나일 강에 목욕 나온 바로의 딸과, 공주의 명을 받고 갈대상자를 건져온 시녀, 이들에 의해 모세는 물에서 건짐을 받게 된 것이다.

이 모든 것이 하나님께서 억압받는 이스라엘 백성들의 부르짖는 기도를 들으신 결과였다. 응답이었다. 삶이 고단한가. 하나님을 바라보고 구원의 하나님을 의지하라. 그 하나님이 우리 삶에 허락하신 것들을—그것이 비록 갈대상자와 같이 작아 보이는 것이라 하더라도—붙들고 최선을 다하라. 壎

성경은 이스라엘의 환란 때에 한 레위인 남자가 한 레위 여자에게 장가들어 사내아이를 낳았다는 이야기로부터 출애굽의 역사를 서술하고 있다(출 2:1).

개혁은 누룩처럼 내부에서 소리 없이 일어난다

주의 구원의 즐거움을 내게 회복시키시고 자원하는 심령을 주사 나를 붙드소서

(시 51:12).

개혁과 변화라는 말처럼 이 시대에서 많이 회자되는 단어도 드물 것이다. 세상은 강한 자가 아니라 변화하고 적응하는 자가 살아남는다는 말이다. 그러다 보니 구조 조정, 환골 탈퇴, 인적 청산, 혁명적 변화라는 말들을 서슴없이 외친다. 형식주의와 권위주의는 고쳐져야 하고, 참을 수 없는 구태나 옛 습관, 견딜 수 없는 중압적이고 강압적인 분위기는 혁파되어야 한다. 아니면 한순간 개혁 당할 수 있을 것이다. 세대 교체라는 미명하에 경륜 있는 사람들이 어느 날 청산 대상이 되고 뒷방 신세가 되는 급박한 세태가 사람들의 마음을 서글프게 만든다.

그러나 개혁만이 능사가 아니다. 수술도 급하게 하지 않는다. 혈액 검사, 간 기능 검사, 당뇨에 대한 사항을 고려해서 수술을 하지, 무턱대고 수술을 하다가는 자칫 목숨을 잃을 수도 있기 때문이다. 수치를 판단해서 때로는 몇 단계로 나누어 치료와 수술을 해나가야 한다. 이해와 공감을 얻지 못하고 일방적으로 밀어붙일 때에는 또 다른 부작용을 야기할 수도 있다.

개혁 피로증과 정치적 상실감이 큰 사람들도 많다. 세대, 계층,

이념, 지역간의 갈등의 골이 깊다. 물리적인 개혁은 쉽지만 화학적인 변화는 간단하지 않다. 사랑과 포용이 결여된 개혁은 또 하나의 폭력이 될 수 있다. 돼지에게 진주를 던져 줄 필요도 없지만, 진주가 돼지에게 유익할 것도 없다. 체질과 상태에 합하지 않는 약은 오히려 독이 되기도 한다.

사람의 마음속에는 변화를 두려워하는 마음이 있다. 구질구질해도 이대로가 좋은 보수적인 성향이 있다. 급격한 변화를 두려워할 뿐만 아니라 속도에 대한 불안감이 있다. 운전을 할 때 "과속하면 예수님도 내리신다"는 말을 우스개 소리 이상으로 심각하게 들은 적이 있다. 과거와 미래의 연장선 속에서 지혜롭게 토양과 시기를 잘 맞추어야 한다.

> 사랑과 포용이 결여된 개혁은 또 하나의 폭력이 될 수 있다. 돼지에게 진주를 던져 줄 필요도 없지만, 진주가 돼지에게 유익할 것도 없다. 체질과 상태에 합하지 않는 약은 오히려 독이 되기도 한다.

5년 전의 대선은 절묘한 타이밍의 문제라는 생각을 해본다. 역사에 가정법은 없지만 만약 2002년 6월에 월드컵이 없었더라면, 그 이후 촛불시위가 이어지지 않았더라면 과연 어떻게 되었을까? 앞선 대선 때, 개혁의 시기를 놓쳐서 망한 자도 있지만 개혁의 시기를 서두르다가 망한 자도 많다. 시대마다 대세가 있고 독특한 물결이 있다. 그러나 다시금 그 시대를 역류하는 새로운 세력이 일어난다.

선 줄로 아는 자는 넘어질까 조심해야 한다. 진정한 변화는 외부 원조나 외부적 압력에 의해서 일어나지 않는다. 외부의 강제적인 힘으로만 개혁되지 않는다. 타도가 아니라 내적인 회복과 싸매는 노력이 필요하다. 개혁의 조급증, 강박관념에서 벗어나야 한다. 개혁은 누룩처럼 내부에서부터 소리 없이 이루어져야 한다.

어릴 때 술떡에 대한 추억이 있다. 새콤한 맛에다 소화도 잘 되는 술떡은 밤 사이 발효를 시켜야 한다. 너무 오래 두거나 짧게 하면 안 되고, 타이밍을 잘 맞추어야 제 맛이 난다.

누룩은 소리가 없다. 누룩은 속에서부터 변화시킨다. 누룩은 적지만 강력하다. 맛과 부피를 바꾸어 놓는다. 오늘날 이 시대의 정보에서 소외된 사람들, 정치적 상실감이 큰 사람들, 개혁 피로 증후군을 느끼는 사람들은 청산의 대상이 아니라 긍휼과 은혜를 덧입어야 할 대상이다. 壎

> 선 줄로 아는 자는 넘어질까 조심해야 한다. 진정한 변화는 외부 원조나 외부적 압력에 의해서 일어나지 않는다. 외부의 강제적인 힘으로만 개혁되지 않는다. 타도가 아니라 내적인 회복과 싸매는 노력이 필요하다. … 개혁은 누룩처럼 내부에서부터 소리 없이 이루어져야 한다.

지도자가 가져야 할 5가지 안경

너희가 모든 은사에 부족함이 없이 우리 주 예수 그리스도의 나타나심을 기다림이라 (고전 1:7).

리더십이나 비전에서 중요한 것은 방향성이다. 사람을 어떻게 이끌어갈 것인가 보다 어디로 이끌어갈 것인가가 중요하다. 그래서 지도자가 될 사람은 5가지의 안경을 가져야 한다는 말이 있다.

다가올 미래를 잘 볼 수 있는 망원경, 현재 상황을 정확히 파악할 수 있는 쌍안경, 과거를 되돌아봄으로써 교훈을 얻을 수 있는 백미러, 옆을 제대로 볼 수 있는 사이드미러, 자신을 잘 볼 수 있는 돋보기가 그것이다.

잘 볼 줄 아는 사람이 잘 아는 자이다. 시각 교정이 필요하다. 안목의 축복이 중요하다. 망원경을 가지고 멀리 볼 줄 아는 사람이 비전과 목표를 분명히 알고 목적이 끌고 가는 사람이 됨으로써 향방 없이 살지 않고, 분명한 방향성을 유지할 수 있다.

10년 뒤를 바라볼 줄 모르는 근시안적인 안목만으로는 새 시대를 감당할 수 없다. 꿈을 꾸고 미래에 대한 그림을 그리며 새 역사를 구상할 때 꿈같은 일들이 현실이 될 것이다. 하나님은 축복을 주시기 전에 먼저 꿈을 주신다. 꿈꾸는 자는 꿈이 자기를 끌고 가는 것을 느낄 수 있다. 꿈이 없는 사람은 미래도 없다. 그러므로 땅만 보지 말고 가끔 고개를 들어 하늘의 별도 보아야 하리라.

쌍안경은 현재 상황을 남보다 더 정확히 보기 위해서 필요하다. 현실 진단이 정확해야 올바른 처방이 나오기 때문이다. 설교를 잘 하는 사람은 먼저 청중에 대해 잘 이해하는 사람이다. 대화를 잘 하는 사람은 상대방에 대해 충분히 파악하고 원하는 대로 대화를 주도해 나간다. 반면 현장 이해와 상황 파악이 제대로 되지 않을 때는 약이 독이 될 수 있다.

> 운전을 해보면 백미러와 사이드미러가 얼마나 긴요한지 모른다. 안전거리를 유지하고 급격한 차선 변경만 하지 않아도 상당수의 안전사고는 미연에 방지할 수 있을 것이다. 즉 내 주변에 대해서 객관적이고 상식적인 지식이 있어야 균형을 유지할 수 있다.

백미러는 도약의 발판을 만들기 위해 과거를 되돌아 볼 수 있는 도구이다. 최근 삼성경제연구소에서는 한국 사람들은 교훈 불감증이 있다고 진단한 바가 있다. 사건이 생기면 금방 호들갑을 떨지만 시간이 지나면 쉽게 잊어버린다는 것이다. 반복되는 역사 속에서 지나간 일들을 통해 교훈을 얻지 못하면 미련하다. 과거는 용서하되 잊지는 말아야 한다.

사이드 미러는 옆의 경쟁자를 볼 수 있는 도구이다. 운전을 해

보면 백미러와 사이드미러가 얼마나 긴요한지 모른다. 안전거리를 유지하고 급격한 차선 변경만 하지 않아도 상당수의 안전사고는 미연에 방지할 수 있을 것이다. 즉 내 주변에 대해서 객관적이고 상식적인 지식이 있어야 균형을 유지할 수 있다.

돋보기는 자기 자신을 파악하기 위해 필요하다. 자기를 알고 사랑하며, 자신감과 자긍심을 가지는 것이 생활에 있어서 무엇보다 중요하다. 자기가 하나님께로부터 받은 은사를 인정하고, 자기의 약점은 강점으로, 특이한 것을 개성으로 차별화시킬 수 있어야 한다. 자신을 잘 아는 사람이 실수나 유혹으로부터 미리 자신을 지킬 수 있는 것이다. 壎

멍석을 깔자, 지경을 넓히자

네가 소망이 있으므로 든든할찌며 두루 살펴보고 안전히 쉬리니 (욥 11:18).

가을은 문화 행사가 많은 계절이다. 가을철이면 교회는 전도 행사나 부흥회를 많이 한다. 반면 시골에서는 가을걷이로 분주하다. 현대의 일상에서 쉽게 찾아보기 힘든 것 중에 멍석이 있다. 가을 무렵 시골 마당에는 멍석을 깔아놓고 그 위에 곡식을 말린다. 지금은 고풍스런 곳에 가야 멍석을 볼 수 있지만 옛날에는 멍석이 시골 생활에서 아주 요긴하고도 중요한 것이었다.

멍석을 깔고 거기서 혼례 예식을 치렀으며, 잔칫날 온 동네가 멍석 위에서 음식을 나누고 춤을 추고 놀았다. 여름밤이면 마당에 멍석을 깔고 밤하늘 별자리를 헤어보며 잠을 잤고, 설날에는 멍석을 깔고 그 위에서 윷놀이를 했다. 그러니까 멍석은 생활의 터전이요, 문화의 마당이요, 가정의 요람이었다. 멍석은 구조적으로 온 동네가 참여하는 열린 공간이었던 셈이다.

이 시대에도 멍석이 필요하다. 멍석을 깔고 참여와 표현의 한 마당을 펼쳐야 한다. 많은 현대인들이 자꾸만 움츠러들고 피곤해 한다. 그러나 진정 좋은 지도자는 많은 기회를 제공하고 참여할 여건을 조성할 수 있어야 한다. 그것이 바로 이 시대의 멍석 까는 일이라고 생각한다.

어떤 사람이 자기 교회 자랑을 해보라고 하니까 자기가 섬기는 교회는 다양한 자리가 많아서 좋다는 말을 들은 적이 있다. 자기가 가진 독특한 은사가 무시 받지 않고 여러 곳에서 여러 모양으로 섬길 수 있는 다양한 자리가 있어서 좋다는 말이다.

교회는 성도들에게 다양한 멍석을 깔아 놓고 와서 참여하고 배우고 섬길 수 있게 해야 한다. 영역별, 세대별, 은사별로 다양한 일자리를 창출해 내고 작은 자도 참여할 수 있는 여지가 있어야 한다. 일반 상업 시장에서 틈새를 노리고 거기에서 짭짤한 영업을 해내듯, 각 사람마다 가진 은사를 사장시키지 말고 힘 있게 참여시켜야 한다.

교회는 성도들에게 다양한 멍석을 깔아 놓고 와서 참여하고 배우고 섬길 수 있게 해야 한다. 영역별, 세대별, 은사별로 다양한 일자리를 창출해 내고 작은 자도 참여할 수 있는 여지가 있어야 한다.

평신도들을 움직이고, 동력화시킬 때 그 교회는 생기와 소망이 넘치는 힘 있는 교회가 될 수 있다. 또한 소극적이고 내성적인 사람들이 불편을 느끼지 않고 소신껏 자기가 받은 은사를 발휘할 수 있을 때 건강하고 저력 있는 교회가 된다.

말로만이 아니라 구체적으로 많은 멍석을 펼칠 수 있는 사람이 좋은 지도자이다. 비판에 앞서 멍석을 깔아주고, 흙 속에 숨어 있는 진주를 캐내듯이 말 없는 사람을 불러내서 멍석 위에 세우는 사람이 지혜로운 리더다.

선교를 하든, 교육을 하든 다양한 멍석을 깔아놓고 동참시킬 때 신령한 조직에 몸을 담고, 물질도 가고, 마음도 가도, 기도도 가게 된다. 막상 멍석을 깔아놓으면 기대하지도 않았던 사람이 참여하는 부수 효과도 얻게 될 것이다.

큰 일에는 원래 가난한 자, 노약자, 불신자도 함께 손을 모으는 법이다. 하나님께서도 늘 나에게 기회를 주시고 내 앞에 멍석을 펼쳐 놓으신다. 멍석을 깔자, 지경을 넓히자. 壎

> 일반 상업 시장에서 틈새를 노리고 거기에서 짭짤한 영업을 해내듯, 각 사람마다 가진 은사를 사장시키지 말고 힘 있게 참여시켜야 한다. … 막상 멍석을 깔아놓으면 기대하지도 않았던 사람이 참여하는 부수 효과도 얻게 될 것이다.

창조적 소수가 그립다

여호와께서 기드온에게 이르시되 내가 이 물을 핥아 먹은 삼백 명으로 너희를
구원하며 미디안 사람을 네 손에 붙이리니 남은 백성은 각각 그 처소로
돌아갈 것이니라 하시니(삿 7:7).

시대가 급변하고 있다. 어느 저널리스트의 표현처럼 끝없는 100m 달리기를 하는 긴장된 시대를 살아가고 있다(『렉서스와 올리브 나무』참조 – 편집자 주). 발전하지 못하면 정상유지도 여려운 때다. 도태만 있을 뿐이다. 그런데 역사를 통해 볼 때 격동의 세월을 움직이는 사람은 의외로 소수였다. 성경에서도 군사의 숫자를 계수하거나 자랑하는 것을 하나님은 싫어하셨다. 역사는 다수의 무리가 아니라 창조적인 소수가 움직여 나간다는 것을 알 수 있다.

인재 확보 전쟁이 벌어지고 있다. 예전에는 십만 대군이 한 군주를 위해 살았다면 이제는 한 명의 인재가 수십만 명을 먹여 살리는 시대이다. 과연 그런 인재를 어느 곳에서 확보하고 있느냐가 관건이다.

인재에는 5가지가 있다. 人財(재물), 人材(재목), 人才(재주), 人在(있음), 人災(재앙)가 그것이다. 우리말로는 같은 인재지만, 그 의미는 사뭇 다르다. 각각이 재물처럼 가치 있는 사람, 기둥 같은 사람, 솜씨 있는 사람, 있으나 마나 자리만 차지하고 있는 사람, 있을수록 재

앙이 되는 사람이 있다는 뜻이다.

사사기에서 하나님은 미디안 군대 13만 5,000명을 물리칠 때 이스라엘 군대 3만 2,000명도 많다고 하시면서 이스라엘 군대의 1퍼센트도 안 되는 300명의 용사로 13만 5,000명을 한 명의 적을 치듯이 물리치셨다. 로마 시대에는 1퍼센트도 안 되는 크리스천이 로마제국을 완전히 기독교화 시켰다. 율곡은 10만 양병설을 주장하였다. 어지러운 시대일수록 인재가 아쉽기 마련이다. 한국교회가 거품이 낀 숫자를 자랑하지 말고 기드온의 300 용사와 같은 창조적 소수를 길러내야 한다.

> 역사는 다수의 무리가 아니라 창조적인 소수가 움직여 나간다는 것을 알 수 있다. … 예전에는 십만 대군이 한 군주를 위해 살았다면 이제는 한 명의 인재가 수십만 명을 먹여 살리는 시대이다.

어릴 때 시골에서 소낙비가 쏟아지고 나면 처마 밑에 미꾸라지가 있는 것을 보았다. 어른들은 소나기를 타고 미꾸라지가 위로 올라가다가 떨어진 것이라고 했다. 살아 있는 물고기는 둥둥 떠내려가지 않고 폭포수도 치고 거슬러 올라간다. 펄떡거리는 물고기의 역동적인 힘을 보라. 거센 탁류를 헤치고 올라간다. 끈질긴 회귀 능력을 갖고 있다. 죽어서 떠내려가는 물고기가 아니라 살아서 펄떡거리는 물고기 같은 사람이 되어야 한다.

요즘 야생초에 대한 관심이 많아졌다. 들풀은 들판 아무 데에서나 살지만 아무렇게나 살지는 않는다. 작은 꽃일망정 정성껏 피우고 있는 힘을 다하여 향기를 발하며 산다. 이름 모를 들풀을 잡초라고 하지만, 밟아도 질긴 생명력을 가지고 다시 살아난다. 누가 이름을 불러 주지 않아도 이름 없이 피었다가 소리 없이 진다. 장미나 백합을 시기하지 않고, 조화의 화려함이 없어도 자기만의 강한 향기를 갖고 어느 후미진 언덕에서도 넉넉하게 살아간다. 야생초의 끈질긴 생명력, 나름대로 진지한 하나님에 대한 찬양 드림이 있다.

작지만 살아 있는 물고기는 떠내려가지 않고 펄떡거리며 시대를 역류할 줄 안다. 야생초는 묵묵히 들판을 지키며 질긴 생명력을 가지고 남 먼저 봄을 노래한다. 창조적인 사람들은, 삶의 현장에서 생기를 발하며 숫자와 힘에 굴절되지 않는 인재들이다. 그런 그들이 그립다. 壎

작지만 살아 있는 물고기는 떠내려가지 않고 펄떡거리며 시대를 역류할 줄 안다. 야생초는 묵묵히 들판을 지키며 질긴 생명력을 가지고 남 먼저 봄을 노래한다. 창조적인 사람들은, 삶의 현장에서 생기를 발하며 숫자와 힘에 굴절되지 않는 인재들이다.

겨자씨가 숲이 되는 비전을 보라

또 비유를 베풀어 가라사대 천국은 마치 사람이 자기 밭에 갖다 심은 겨자씨 한 알 같으니 이는 모든 씨보다 작은 것이로되 자란 후에는 나물보다 커서 나무가 되매 공중의 새들이 와서 그 가지에 깃들이느니라 (마 13:31-32).

해마다 추수 감사의 계절이 되면 감사절 행사를 하고 전도 초청의 시간을 갖는 교회가 많다. 그 시간을 통해 지난 한 해를 뒤돌아보며 결실을 생각해 보는 것이다. 마태복음 13장 31-32절에는 겨자씨 비유가 나온다.

"천국은 마치 사람이 자기 밭에 갖다 심은 겨자씨 한 알 같으니 이는 모든 씨보다 작은 것이로되 자란 후에는 나물보다 커서 나무가 되매 공중의 새들이 와서 그 가지에 깃들이느니라"

보통 사람들은 크고 많은 열매를 기대하지만 하나님은 겨자씨처럼 아주 작은 것을 통해서 큰 역사를 이루신다. 겨자씨는 팔레스타인의 농부들이 심는 씨들 가운데서 가장 작은 씨에 속한다. 그러나 이 작은 씨가 자라면 보통 1.5미터, 환경이 좋을 때는 4.5미터까지 자란다.

하나님께서는 씨앗 한 톨을 가지고 큰 나무를 이루시는 분이다. 지천에 깔린 물맷돌을 가지고 다윗은 민족의 문제인 골리앗이라는 대적을 물리쳤고, 모세는 지팡이 하나로 홍해를 가르고 사막에서 암반수를 터뜨렸다. 예수님은 보리떡 다섯 개와 물고기 두 마리로 5,000명을 먹이셨다. 또, 라합은 붉은 줄 하나 매어놓고 온 집안의 구원을 얻었다.

겨자씨는 작지만, 자랄 때에 엄청난 가능성을 보여준다. 살아 있는 존재는 자란다. 신앙도, 교회도 반드시 부흥되는 게 정상이다. 자라되 나물보다 커서 나무가 되고 공중의 새들이 와서 그 가지에 깃들일 만큼 커진다. 방황하는 새들이 날아와서 둥지를 짓고 새들이 쉼을 얻을 만큼 겨자씨가 큰 나무를 이루듯이 작은 것 하나가 자랄 때에 이런 엄청난 결과가 나타나는 것이다.

겨자씨는 아주 작은 것이로되 남들에게 유익을 끼치는 존재가 될 수 있다는 것이다. 겨자씨 비전을 가지면 지극히 작은 씨앗을 통해서도 나무와 숲과 새들을 보게 될 것이다. 복 있는 사람은 시냇가에 심은 나무처럼 사시사철 푸르고 청청하게 자랄 것이다. 요셉의 가지처럼 담을 넘어서 사방으로 뻗어나갈 것이다.

새들이 와서 깃들일 정도라면 겨자씨 한 톨에서는 엄청난 성장이 있었던 것이다. 열매나 결과를 바라며 조급해 하기보다 묵묵히 겨자씨 한 알부터 심어야 한다. 그것이 다 자란 이후를 그려 보라. 온갖 새들이 날아와 둥지를 틀고 그곳에서 안식을 누릴 것을 상상해 보라. 겨자씨 한 알이 그토록 성장하리라고 누가 상상이나 하겠는가?

부흥도 그렇다. 단번에 부흥과 성장이 될 것이라고 기대하는 것은 성급한 판단이다. 겨자씨 한 알을 심듯이 그렇게 복음을 뿌리고 전하다 보면 언젠가 온갖 새들이 와서 깃들이는 아름다운 교회,

평안과 휴식이 있는 새들이 찾아오는 곳이 될 것이다. 壎

겨자씨 비전을 가지면 지극히 작은 씨앗을 통해서도 나무와 숲과 새들을 보게 될 것이다. 복 있는 사람은 시냇가에 심은 나무처럼 사시사철 푸르고 청청하게 자랄 것이다. 요셉의 가지처럼 담을 넘어서 사방으로 뻗어나갈 것이다.

선한 목자의 네 가지 특징

나는 선한 목자라 선한 목자는 양들을 위하여 목숨을 버리거니와 삯군은 목자도 아니요 양도 제 양이 아니라 이리가 오는 것을 보면 양을 버리고 달아나나니 이리가 양을 늑탈하고 또 헤치느니라 달아나는 것은 저가 삯군인 까닭에 양을 돌아보지 아니함이나 나는 선한 목자라 내가 내 양을 알고 양도 나를 아는 것이 아버지께서 나를 아시고 내가 아버지를 아는 것 같으니 나는 양을 위하여 목숨을 버리노라(요 10:11-15).

어떤 성도와 대화하는 중에 좋은 목자가 갖추어야 할 몇 가지 뚜렷한 특징에 대해 이야기했다. 좋은 목자는 먼저 교인들이 좋아할 인격을 갖추고 있다. 개인적으로 경건의 비밀을 간직하고 남다른 기도 생활을 유지하며 깊은 영성을 가지고 있다. 솔선수범이 가장 무서운 명령이니 만큼 모범적이다. 그리고 희생하는 자세가 있다. 교인들은 목사가 희생하는 만큼 희생하고 직원들은 사장이 희생하는 만큼 희생하는 것 아닌가. 인격이 말을 하고 인격이 설교를 빚어낸다. 그런 면에서 선한 목자는 그 열매보다 나무가 좋은 나무이다.

두 번째로 좋은 목자는 양의 울음소리를 알고, 들을 줄 안다. 요즈음은 어린 아기 울음소리만 듣고도 아기의 상태를 단번에 아는 시스템이 개발되어 있다. 양을 사랑하고 양들과 함께 지내노라면 어느덧 울음소리만 들어도 그의 요구와 메시지를 파악해 낸다.

세 번째가 교인을 고객으로 생각할 수 있는 목자다. 현대 고객 만족보다도 고객 감동을 요구하는 시대이다. 교인을 섬기되 고객으로 생각하고 최상의 서비스를 제공하는 것이 필요하다. 양은 좋은 꼴을 먹고 쉴만한 물가로 인도함을 받으면 좋은 젖을 생산해낸다.

고객에는 세 종류의 고객이 있다. 고귀한 고객과 고통을 주는 고객과 고독한 고객이 바로 그들이다. 고귀한 고객은 목사에게 늘 힘을 주고, 존귀한 자로 대해 주는 사람이다. 중보적 기도의 사람이요, 아낌없는 후원자요, 든든한 동역자이다.

> 고통을 주는 고객과 어떻게 지내느냐에 따라 그 사람의 수준과 역량이 판가름 난다. 귀한 고객만 있으면 사람이 발전이 없고 각성이 없다. 고통과 고난을 안겨 주는 사람으로 인해 오히려 겸손하고 성숙해지기 때문이다.

그러나 항상 좋은 고객만 있는 것이 아니다. 때로는 고통을 주는 고객도 있다. 마음에 쓴 뿌리가 되고, 사역에 큰 걸림돌이 되는 사람이 있을 수 있다. 좋은 고객, 고상한 고객이 많으면 좋겠지만 사실 고통을 주는 고객과 어떻게 지내느냐에 따라 그 사람의 수준과 역량이 판가름 난다. 귀한 고객만 있으면 사람이 발전이 없고 각성이 없다. 고통과 고난을 안겨 주는 사람으로 인해 오히려 겸손하고 성숙해지기 때문이다. 하나님은 고난을 통해서 당신의 종들을 연단하시기 때문이다.

불편하고 견디기 힘든 사람들 속에서 인격의 구조 조정은 가장 강력할 것이다. 그리고 소외되고 외로운 고객에 대한 보살핌이다. 아프고 가난하고 아무도 함께하는 이가 없는 소외된 자를 어떻게 섬기느냐에 따라 목자의 자세를 알 수 있다. 소외되고 왕따 당하는 것은 누구나 싫어한다. 이럴 때에 진짜 목자가 필요하다. 그래서 내 양이, 나의 고객이 오케이 할 때까지 섬기는 자가 좋은 목자이리라.

네 번째로 좋은 목사의 특징은 설교가 좋은 목자다. 결국 위의 3가지가 충족되어질 때 좋은 메시지가 나오게 되고, 목자와 양떼 사이에 서로 마음이 통하고 대화가 이루어지게 될 것이다.

좋은 지도자, 선한 목자는 시대의 등불이요, 교회의 보배이다. 지도자는 태어나는 것이 아니라 만들어지는 것이기에 모두가 선한 목자로서 사명을 다할 때 푸른 초장, 쉴만한 물가가 기다리고 있는 아름다운 목장을 만들어갈 수 있다. 壎

소외된 자를 어떻게 섬기느냐에 따라 목자의 자세를 알 수 있다.

정치인의 뒷모습

내가 전에는 훼방자요 핍박자요 포행자이었으나 도리어 긍휼을 입은 것은
내가 믿지 아니할 때에 알지 못하고 행하였음이라(딤전 1:13).

선거철이 되면 많은 정치인들이 연일 언론의 스포트라이트를 받는다. 평소에는 관심도 없는 듯 멀리만 있던 사람들이 자기를 알아달라고 야단이며 허리를 굽혀 표심을 붙잡으려 한다.

사람은 뒷모습이 고와야 한다고 하는데 정치하는 사람들은 선거를 앞두고는 그렇게 겸손하고 열심히 찾아오지만 선거만 끝나면 언제 그랬냐는 듯 전혀 딴 사람으로 돌아가는 것 같다. 선거에 관련된 사람들이 선거 기간이 되면 교회에 관심을 갖고 찾아오지만 선거가 끝나고 나서 인사하러 오거나 관심을 가지고 찾아오는 것을 별로 본 적이 없다. 굳이 인사하러 다니는 것도 문제이지만 선거 전후로 너무나 달라지는 모습이 정치인에 대한 불신과 염증을 더해 준다.

성경에서 사도 바울은 전과 후가 분명한 사람이었다. 과거에는 교회의 핍박자요, 훼방자였지만 나중에는 너무나 신실하고 충성된 사도가 되었다. 정치인들이 선거 전후가 다른 사람이 아니라 선거 후의 뒷모습도 아름답게 보여 줄 수 있는 사람이 되었으면 싶다.

정치인 지미 카터 전(前) 미국 대통령은 역사의 무대에서 퇴장했지만 훌륭한 신앙인과 인도주의자로서의 모습을 인상적으로 보

여 주고 있다. 그는 지난 1981년 대통령 직에서 물러난 이후 고향에 내려가서 마라나타 교회에서 주일학교 교사로 꾸준히 봉사하고 있다. 사실 지미 카터는 재직 당시 철저히 실패한 대통령이었다. 참담하게 백악관을 떠날 때 그가 다시 세계의 전면에 부활할 것을 믿는 사람은 드물었다. 그러나 퇴임 이후 그는 국제 분쟁 해결과 강의, 저술 등으로 빛나는 제2의 인생을 보내고 있다. 사랑의 집을 지어 주는 해비타트 운동의 상징으로서 그는 직접 망치를 들고 작업장에 나서고 있으며, 고향 플레인스에서, 아프리카에서, 북한에서 화해와 사랑을 외치면서 살 만한 아름다운 세상을 위해 노익장을 과시하고 있다.

> 정치인 지미 카터 전(前) 미국 대통령은 역사의 무대에서 퇴장했지만 훌륭한 신앙인과 인도주의자로서의 모습을 인상적으로 보여 주고 있다. … 사실 지미 카터는 재직 당시 철저히 실패한 대통령이었다.

우리의 전직 대통령들과는 극명하게 대조된 모습을 보이고 있는 카터. 매일 수백 명씩, 많게는 수천 명의 사람들이 카터 센터를 방문하고 있다. 카터의 고향 플레인스는 인구 716명의 조그만 마을이지만 마을 입구에 세워진 '대통령의 고향에 오신 것을 환영합니다' 라는 대형 입간판을 보면 마을 주민들이 얼마나 카터를 자랑스럽게 생각하는지를 느낄 수 있다.

그가 이 마을에서 주민들과 평범하게 살면서 마라나타 교회에서 매주 주일학교 교사로 봉사하는 것이나, 고향에 있지만 세계의 분쟁 지역을 찾아가서 열심히 뛰면서 화해와 사랑을 이루어 내는 아름다운 모습은, 그가 하나님의 사랑을 관념이 아니라 삶의 현장에서 실천하고 있음을 보여 주는 것이다. 82세 고령의 지미 카터는 여전히 젊고 아름다운 뒷모습을 가지고 있다. [壎]

> 참담하게 백악관을 떠날 때 지미 카터가 다시 세계의 전면에 부활할 것을 믿는 사람은 드물었다.

지팡이와 막대기

나는 그 아비가 되고 그는 내 아들이 되리니 저가 만일 죄를 범하면 내가 사람 막대기와 인생 채찍으로 징계하려니와(삼하 7:14).

가끔 보도를 통해 법조계를 보면서 백성들의 지팡이와 잣대가 되어야 할 사람들이 가져야 할 엄격함을 생각해 본다. 지팡이와 막대기를 가지고 양들을 돌보는 목자는 지팡이를 이용해서 길 잃은 양을 끌어당기고, 막대기를 가지고 위험한 짐승들을 쫓아낸다.

우리의 선한 목자 되신 예수님께서도 인생을 지팡이와 막대기로 인도하신다. 사무엘서 기자는 사무엘하 7장 14절을 통해 "저가 만일 죄를 범하면 내가 사람 막대기와 인생 채찍으로 징계하려니와"라고 기록하고 있다. 사람을 인생 채찍과 사람 막대기로 징계하신다는 말씀이다. 하나님께서 직접 다루시는 것이 아니라 인생길 노정에서 다양한 채찍을 만나게 하신다. 또한 사람을 가장 심각하게 하는 것도 사람 막대기를 만날 때이다. 지팡이는 사람에게 큰 힘을 실어 주는 소망이 되기도 하지만, 고통을 주는 막대기로 쓰이기도 한다.

다윗의 지팡이와 물맷돌은 베들레헴 들판에서 익숙하게 그의 손에서 연습되었다가 나중에 하나님의 구원 역사에 귀중한 도구가 된다. 모세의 지팡이는 위대한 하나님의 권능의 잣대가 되었다. 모세가 애굽 왕실을 떠날 때 그의 손에 남아 있었던 것이 무엇이었을까? 미디안 광야에서 40년 동안 고독한 세월을 지낼 때 그의 손에는 손때 묻은 지팡이 뿐이었다. 그러나 하나님이 소명을 주실 때 그것은 언약의 증표가 되었고, 그 외로움과 눈물, 좌절의 아픔이 묻어 있던 지팡이는 훗날 모세 사역의 중요한 버팀목이 되었다. 모세는 그 지팡이로 홍해를 갈라서 구원의 언덕으로 백성들을 이끌었고, 반석을 터뜨려 백성들의 타는 목을 해갈시켰다.

> 지팡이는 하나님을 경외하고 사랑하는 자의 손에 있을 때는 권능과 위엄을 나타내 주지만, 개인적인 영달과 권위주의의 도구로 쓰일 땐 고통의 막대기가 되기도 한다.

지팡이는 하나님을 경외하고 사랑하는 자의 손에 있을 때는 권능과 위엄을 나타내 주지만, 개인적인 영달과 권위주의의 도구로 쓰일 땐 고통의 막대기가 되기도 한다. 지도적인 위치에 있을수록 사심을 버려야 하는 것은 그 지팡이가 많은 사람들에게 심대한 영향을 미치기 때문이다.

테레사 수녀의 별명이 '하나님 손에 잡힌 몽당연필' 이었다. 볼품없고 더 이상 쓸모도 없을 것 같지만 그녀의 헌신을 하나님께서는 아름답게 사용하셨다.

이 시대 백성들의 비틀거리는 삶을 지탱해 줄 지팡이가 그립다. 험한 세상의 다리가 되어 줄 지팡이 말이다. 분노와 심판의 막대기가 아니라 관심과 배려의 지팡이가 필요한 때, 그리스도인은 이 시대의 부러진 사회의 목발이 되고 인생 길의 좌표를 가르쳐 주는 참된 지팡이가 되어야 할 것이다. 熏

지도적인 위치에 있을수록 사심을 버려야 하는 것은 그 지팡이가 많은 사람들에게 심대한 영향을 미치기 때문이다.

부흥의 흐름

여호와여 내가 주께 대한 소문을 듣고 놀랐나이다 여호와여 주는 주의 일을 이 수년 내에 부흥케 하옵소서 이 수년 내에 나타내시옵소서 진노 중에라도 긍휼을 잊지 마옵소서(합 3:2).

교회 안에도 흐름이 있다. 영성이 깊은 교회에 들어갔을 때 느껴지는 영적인 느낌이 있다. 기도가 되는 교회가 있다. 성도들의 눈물이 쌓인 교회, 간곡한 부르짖음이 있는 교회는 사람에게 영적인 갈증을 일으킨다. 기도할 마음이 불일 듯이 일어날 때가 있다. 부흥에도 때가 있다.

사람도 때를 잘 만나야 된다. 그러나 시간을 누가 마음대로 조절할 수 있을까. 다만 사람이 파도를 일으킬 수는 없지만 파도를 탈 수는 있다. 교회가 부흥의 때를 맞이하기란 쉽지 않다. 그러나 부흥의 열정을 사그라지게 하는 일은 많다. 교회 부흥은, 정미(精微)한 말씀이 선포되고 찬양의 물결이 하늘에 사무치고, 성도의 가슴에 뜨거운 불씨가 기도로 살아날 때, 성령의 바람과 함께 솟아오른다.

우리는 심령에 일렁거리는 영적인 호소를 간과하지 말아야 한다. 하나님의 부르심과 놀라운 계획을 깨닫고 내 속의 은사가 불일 듯 일어나면 작품이 탄생된다. 부흥의 불길을 죽이지 말라. 부흥의 열망을 식히지 말라. 부흥의 흐름을 흩어서 자잘한 지류로 만들지 말라.

큰 물결이 바다 덮음 같이 이 땅에 부흥의 물결이 뒤덮는 환상을 꿈꾸자. 예수님께서 때가 차매 이 땅에 오셨듯이 지금은 때가 차고도 남은 시기다. 정치, 경제, 문화 어느 구석을 봐도 절망과 탄식이다.

사람들의 목구멍에 탄식이 가득 찼다. 눈에는 금방이라도 쏟아질 것 같은 울음이 그렁그렁하다. 가슴 밑바닥에서 고동쳐오는 절규가 있지만 그것이 함성이 되고, 물결이 되고 흐름이 되질 못하니 감질만 나고 답답하다.

> 사람들의 목구멍에 탄식이 가득 찼다. … 누가 부흥의 불씨를 던지랴! 누가 마중물 한 바가지를 부어주랴!

누가 부흥의 불씨를 던지랴! 누가 마중물 한 바가지를 부어주랴! 누가 회개의 최루탄을 터뜨리랴! 이 땅은 황폐화되어가고 사람들은 눈물의 때가 차올라 속으로 울분을 삭히며 원한을 풀 수가 없다.

예수님께서 예루살렘성을 보시고 탄식하셨듯이 이 도성을 보고 울 수 있었으면 좋겠다. 영혼들이 떠내려간다. 소리없이 쓰러져간다. 부흥의 때가 속히 임하여야겠다. 한국교회의 1907년 평양 장대현교회에서 시작된 부흥의 물결이 100년이 지난 지금 다시 들불처럼 일어나길 고대한다.

따뜻한 공기와 찬 공기가 갑자기 겹치면서 장마전선이 형성돼 집중적으로 비가 쏟아지듯이 이 시대는 영적인 전쟁도 현저하다. 너무나 빠른 변화로 말미암아 급속도로 정신세계가 무너져가고 있다. 정보의 홍수 속에 오히려 선택의 혼란을 느끼고, 복음이 생활과 분리되는 이중적인 현상들도 뚜렷하다. 복음 안에서 성도들이 깨지고 회개하며 새롭게 각성하는 부흥운동이 일어나야 한다.

강한 영성훈련을 받고 삶의 현장 속으로 강렬하게 침투하여 영향력을 끼쳐야 한다. 삶의 절정에 서라. 부흥의 물결, 그 선두에 서라. 물꼬를 틔우듯이 작은 흐름을 만들라.

강원도 태백에 삼수령이 있다. 서해로 흘러가는 한강, 남해로 흘러가는 낙동강, 동해로 흘러가는 강원도 오십천이 거기서 시작된다. 한반도 수맥의 근원지인 셈이다.

부흥의 진원지가 되자. 부흥의 불길을 솟구치고 은혜의 물결로 바다를 이루자. 1909년도 100만 인 구령 운동 때 부른 주제 찬양은 "주여, 우리의 심령의 소원을 허락하소서, 백만 인을 예수께로, 오 주여! 복음의 불을 널리 펴소서" 였다. 다시 부르짖어 기도할 때다. 壎

> 강한 영성훈련을 받고 삶의 현장 속으로 강렬하게 침투하여 영향력을 끼쳐야 한다. 삶의 절정에 서라. … 다시 부르짖어 기도할 때다.

잘 살기 위한 네 가지 조건

오직 성령의 열매는 사랑과 희락과 화평과 오래 참음과 자비와 양선과 충성과
온유와 절제니 이같은 것을 금지할 법이 없느니라(갈 5:22-23).

1960년대를 상징하는 우리나라 구호 중에 '잘 살아 보세'가 있다. 가난과 무지를 극복하고, 잘살아 보자는 새마을 운동의 기치였다.

일부에서는 이제 한국의 형편도 예전에 비해 현저히 나아져 OECD에 가입하고 선진국에 들어선 잘 사는 나라가 되었다고 말하기도 한다. 우리는 빠르게 변화하고 성장하는 경제 시대 속에서 살아가고 있다. 자본주의, 물질주의, 상업주의, 황금만능주의라는 표현들은 이러한 시대의 특징을 적절하게 나타내는 표현들이다.

이러한 시대의식 속에서는 돈이 있고 없음이 잘 살고 못 사는 것을 가늠하는 기준이 된다. 돈을 벌어들이는 일이야말로 가장 중요한 일의 하나요, 이 일에 대하여 아무런 제재도 가해서는 안 된다는 주장을 소위 자유주의, 자유경쟁, 자유시장주의라고 한다.

공산주의의 몰락으로 인해 이와 같은 경제적 자유주의 이념은 이 시대 사람들에게 그 어느 때보다 넓게 퍼져 있다. 잘 살기 위해서는 무엇보다도 돈이 있어야 한다는 생각이 시대에 팽배하다. 심리철

학에서는 사람이 잘 살려면 네 가지 조건을 구비해야 한다고 말한다.

첫 번째 조건으로 능력이라는 개념을 든다. 여기서 능력이란, 한 사람이 그가 종사하는 일에 임할 때 갖춰야 할 충분한 지식, 그리고 거기에 따른 실제적 기술의 터득을 의미한다. 다른 사람과의 의사소통이라든지 원활한 정보 교환의 능력도 이 능력 속에 포함된다. 지식과 기술의 연마, 언어에 의한 의사 전달 같은 능력은 교육 과정을 통해 얻어짐을 우리는 실례로 알고 있다. 사회는 철저히 능력 중시 사회로 바뀌어가고 있다.

두 번째 조건으로 지구력이 있어야 한다고 했다. 이 지구력은 난관을 이겨내는 견딤, 넘어져도 다시 일어서는 패기, 끈기, 강인함, 의지력 등의 의미를 내포하고 있다. 여기에는 정신과 육체의 건강함도 있어야 하고 마음먹은 일에 일관하는 집념 같은 것도 있어야 한다. 이러한 정신력, 근성이 어떤 면으로는 기술보다 더 중요한 역할을 한다.

세 번째 조건은 상부상조하는 뚜렷한 의식을 가진 존재여야 한다. 남을 돕고자 하는 정신이 유난히 희박해 있는 점이 이 시대의 특징이라는 말을 자주 듣는다. 집단 이기주의가 판을 친다. 이러한 증세의 이름으로 온정 결핍증이라는 용어를 쓰기도 한다.

직장, 교회, 동창회와 같은 단체에서는 상부상조하는 정신을 고양하는 일을 신경 써야 할 것이다. 개인주의, 이기주의를 넘어서서 성령이 하나 되게 하신 것을 힘써 지키고자 하는 노력이 필요하다.

잘 산다고 말할 수 있는 마지막 조건으로 그 사람이 처해 있는 사회가 정의로운 사회여야 한다는 점을 꼽고 있다. 이 조건의 만족은 아마도 부를 축적하는 일이 우리의 삶 중에서 가장 중요한 일이라는 생각을 극복하는 데에서부터 시작해야 하지 않나 싶다.

가난한 사람과 약한 사람이 그의 생전에 가난과 약함의 신세에서 벗어날 수 있다는 희망을 안겨 주는 사회, 그러한 사회의 시민은 끊임없이 깊은 사고(思考)를 하며 살아가는 시민들로 구성되어 있을 것이다. 잘 산다는 것이, 먹고 마시는 문제를 넘어, 삶의 분위기가 평화롭고 안전해야 한다. 그렇기 때문에 이 땅이 평화와 사랑이 넘치는 곳이 될 수 있도록 크리스천은 한 알의 밀알이 되고 빛을 발해야 한다. 壎

가난한 사람과 약한 사람이 그의 생전에 가난과 약함의 신세에서 벗어날 수 있다는 희망을 안겨 주는 사회의 시민은 끊임없이 깊은 사고(思考)를 하며 살아가는 시민들로 구성된다. 잘 산다는 것이, 먹고 마시는 문제를 넘어, 삶의 분위기가 평화롭고 안전해야 한다.

역사의 물꼬를 트는 사람

네 시작은 미약하였으나 네 나중은 심히 창대하리라(욥 8:7).

옛날 수돗물이 귀하던 시절에, 샘터에서 두레박으로 우물물을 길어 올리던 시절 뒤에 '펌프'로 물을 긷던 시절이 있었다. 펌프에서 물을 퍼 올리는 데에는 원리가 있다. 평소에는 바짝 말라 있는 펌프에 한 바가지 정도의 물을 붓고, "딸깍 딸깍" 저으면 깊은 지하에서부터 물이 콸콸 쏟아져 나온다. 그때 사용하는 한 바가지의 물을 '마중물'이라고 한다. 지하수가 아무리 많이 저장되어 있어도 이 마중물이 있어야 물을 퍼 올릴 수 있다. 아마 큰물을 맞이하러 미리 나서는 작은 물이라고 해서 '마중물'이라고 했던가보다.

하나님의 일에도 이렇듯 누군가 마중 나가는 사람이 있어야 한다. 한 바가지만큼이라도 있으면 그것이 시작이 된다. 그 작은 시작이 창대한 역사의 시작이 되는 것이다.

시골의 농사꾼은 아무리 가난하고 먹을 것이 없어도 씨 감자나 씨 고구마는 먹지 않는다. 종자는 작아도 그 해 농사의 씨알이 되기 때문이다. 그만큼 농부는 종자 관리를 중요하게 여겼고 그 관리를 잘해야 좋은 농사꾼이 될 수 있다. 한 알의 밀알이 작아도 썩으면 100배의 결실을 맺을 수 있다. 한 알의 밀알이 싱싱할 때 떨어져 썩어야 열매가 맺는다.

옛날 시골에서는 불씨를 잘 보관해야 했다. 며느리가 화롯불에 불씨를 잘 보관하지 못하면 소박을 맞는 이유가 되기도 했다. 아무튼 그 작은 불씨로 온 집안에 불을 지펴서 군불도 때고, 소죽도 끓이고, 밥도 지었다.

벳세대 들판에서 한 소년이 드린 오병이어(떡 다섯 개와 물고기 두 마리)는 5,000명이 먹고도 남는 기적의 씨앗이 되었다.

> 시골의 농사꾼은 아무리 가난하고 먹을 것이 없어도 씨 감자나 씨 고구마는 먹지 않는다. 종자는 작아도 그 해 농사의 씨알이 되기 때문이다. 그만큼 농부는 종자 관리를 중요하게 여겼고 그 관리를 잘해야 좋은 농사꾼이 될 수 있다.

소위 '종자돈' 이라는 것이 있다. 또한 어느 교회가 건축을 하든지, 어떤 사람이 사업을 하든지 종자돈이 있다. 작은 것이 촉매제가 되고 불씨가 되어서 시작은 미약하였으나 나중은 창대케 된다. 지난 대선 때에도 복돼지 저금통이 있었다. 수십 억이 모금된 것도 대단하지만, 돈보다도 마음이 모이고 여론이 엮어지고 사람과 사람이 모이는 운동력에 감탄하지 않을 수 없었다.

주인의 마음을 시원케 하는 한 바가지 마중물, 은혜를 부르는 마중물, 기적을 부르는 마중물이 필요한 시기다. 교회 부흥의 불씨가 되고, 아름다운 건축의 종자돈이 참 귀하게 쓰임 받을 때다.

작지만 큰 영향력을 미치는 사람이 그리운 시절이다. 역사의 물꼬를 트고, 길잡이를 해나갈 사람이 아쉬운 시대다. 문제를 뛰어넘는 디딤돌이자 역사의 징검다리가 되는, 마중물과 같은 사람이 새삼 보고 싶은 계절이다. 壎

> 주인의 마음을 시원케 하는 한 바가지 마중물, 은혜를 부르는 마중물, 기적을 부르는 마중물이 필요한 시기다. … 문제를 뛰어넘는 디딤돌이자 역사의 징검다리가 되는, 마중물과 같은 사람이 새삼 보고 싶은 계절이다.

사랑의 주기

나를 사랑하는 다양한 접근법

불편과 불행

자존감 세우기

네 몸과 같이 사랑하라

반 박자만 앞당기자

허물을 덮어 주는 자

3

나와 이웃 사랑은 실력이다

사랑의 주기

이스라엘아 네 하나님 여호와께로 돌아 오라 네가 불의함을 인하여 엎드러졌느니라 … 누가 지혜가 있어 이런 일을 깨달으며 누가 총명이 있어 이런 일을 알겠느냐 여호와의 도는 정직하니 의인이라야 그 도에 행하리라 그러나 죄인은 그 도에 거쳐 넘어지리라(호 14:1,9)

창세기에 보면 하나님께서 아담과 하와를 만드시고 행복한 가정에 관한 설계도면과 같은 말씀을 주신 것을 볼 수 있다. 동일하게 에베소서에서도 아내와 남편을 향해 서로 사랑하며 가정의 목적인 하나님의 영광을 위해 살 것을 명령하셨다. 그렇게 가정에 대해 말씀하시는 하나님께서 호세아서에서는 호세아 부부를 통해 사랑의 관계와 하나님의 마음을 말씀하신다.

호세아서에서는 바람난 아내로 인해 호세아의 타는 듯한 마음을 이야기 하면서 그와 동일한 하나님의 마음을 설명하고 있다. 자식들을 낳았는데 그 이름들을 살펴보면 특이하다. 첫째의 이름이 "이스르엘"이다. '흩어버리겠다' 는 뜻이다. 둘째의 이름은 "로루하마", 즉 '다시는 사하지 않으리라' 이다. 셋째 "로암미"는 '너는 내 백성이 아니다' 라는 이름이다. 구약에서 이름을 짓는 것은 그 사람을 나타낸다.

강한 부정은 강한 긍정을 말한다. 호세아 자식들의 이름이 뜻하는 바가 모두 부정적이지만, 여기서 알아야 할 것은 그것이 하나님의 본심이 아니라는 것이다. 안타까워하시는 그분의 마음을 나타내 보이신 것이다. 암탉이 병아리를 품듯이 그의 백성을 품으시는 분이 하나님이시다. 그런 하나님이 오죽 답답했으면 속이 터져서 이런 말씀을 하시겠는가? 그분은 상한 갈대도 꺾지 않고 꺼져가는 심지도 끄지 않는 분이시다. 다시는 용서하지 않겠다고 말씀하시면서도 다시금 은혜를 베푸신다(10절).

> 호세아에서 '바람난 여자, 나쁜 여자를 사랑해라' 고 하시는 하나님의 의도는 무엇인가? 사랑은 이상(理想)이 아니다. 실제다. 힘든 현실 속에서 사랑하고 흉허물을 덮어주라는 것이다. 있는 모습 그대로 사랑하라. '그냥' 사랑하는 것이 사랑이다. 온갖 약점이 드러나고 만정이 떨어질 때 그럼에도 다시금 사랑하고 책임질 때 좋은 순환이 일어난다.

호세아의 아내 고멜은 어떤 사람인가? 자신에게 당장에 만족할 무엇을 주면 그것을 따라 가는 여인이다(2장). 이런 여인과 결혼한 호세아는 고멜 주위에 담을 쳐보고 온갖 수를 써보지만 힘들고 소용이 없다. 이 때문에 호세아는 2장 중반에서 다른 방법을 동원한다. 여인을 데리고 거친 들과 광야로 가서 산 것이다. 그리고 여러 가지 방법을 동원해 바람난 아내를 사랑하려고 애쓴다.

결혼은 생각보다 쉽지 않다. 평생 사랑할 것 같지만 얼굴도 보기 싫을 정도로 배우자 대하기가 힘들어질 때도 있다. 그것은 왜 그런가? 사랑에는 흐름이 있다. 고운 정만 들면 안 된다. 미운 정도 있다. 처음에는 보기만 해도 좋다. 그러나 결혼해서 함께 생활하고, 장단점들을 보면 실망하게도 되고, 그 단계가 지나면 덤덤해진다. 사람이 사랑하면 엔돌핀이 분비되면서 흥분하게 되지만, 그 호르몬이 더 이상 분비 되지 않게 되는 시점에 가서는 감정이 사라지고 마음에 담담함과 무료함이 남게 되는 것이다. 그러면서 서로에게 미운 정 고운 정이 쌓여가게 된다. 그러다 보면 서로를 통해 위로와 기쁨을 얻게 되고, 과거에는 없었던 화학물질이 내 속에서 일어나게 된다. 사랑의 사이클이 한바퀴 도는 것이다.

호세아에서 '바람난 여자, 나쁜 여자를 사랑해라' 고 하시는 하나님의 의도는 무엇인가? 사랑은 이상(理想)이 아니다. 실제다. 힘든 현실 속에서 사랑하고 흉허물을 덮어주라는 것이다. 있는 모습 그대로 사랑하라. '그냥' 사랑하는 것이 사랑이다. 온갖 약점이 드러나고 만정이 떨어질 때 그럼에도 다시금 사랑하고 책임질 때 좋은 순환이 일어난다.

호세아는 이러한 하나님의 명령에 순종하면서 고멜을 사랑하다가 하나님의 마음을 깨닫게 된다. "여호와께 돌아오라"는 것이 호세아서의 주제이다. 다시 영적으로 회복해서 영혼의 엔돌핀이 분비되는 삶을 살라는 것이다. 감정적인 사랑의 한계를 뛰어 넘어 영혼에 대한 사랑을 하라는 것이다. 여호와께 돌아오는 것이야말로 진정 남편에게 혹은 아내에게 돌아오는 길이다.

관계의 회복, 사랑의 회복을 원하거든 사랑의 주기가 다 돌 때까지 인내해야 한다. 그러면 하나님의 마음과 그 의도를 알게 되고 사랑의 완성을 향해 나아가게 된다. 사랑의 위기에 처해 있다고 생각될 때일수록 인내하라. 배후자와 자주 다투고 멀리하게 되는 것은 사랑의 주기를 아직 다 돌지 않았기 때문이다. 주님을 바라보며 사랑의 주기를 다 돌아 참된 사랑, 원숙한 사랑에 이르게 되기를 바란다. 壎

"여호와께 돌아오라"는 것이 호세아서의 주제이다. 다시 영적으로 회복해서 영혼의 엔돌핀이 분비되는 삶을 살라는 것이다. 감정적인 사랑의 한계를 뛰어넘어 영혼에 대한 사랑을 하라는 것이다.

나를 사랑하는 다양한 접근법

사랑하는 자들아 우리가 서로 사랑하자 사랑은 하나님께 속한 것이니 사랑하는 자마다 하나님께로 나서 하나님을 알고 사랑하지 아니하는 자는 하나님을 알지 못하나니 이는 하나님은 사랑이심이라(요일 4:7-8).

흔히 잘 파악하기 힘든 성격을 가지고 있는 사람을 가리켜 양파 같은 사람이라고 한다. 인간 내면에 감추어진 심리를 파헤치기 위해 많은 학자들이 학문과 임상 연구를 하고 논쟁하지만, 역시 마음이란 볼 수도 없을 뿐 아니라 그 움직임은 더욱 알아차리기 어렵다. 오죽하면 열길 물 속은 알아도 한길 사람 속은 모른다는 속담이 있겠는가?

심리 테스트라는 단어가 자주 사용되면서 사람들은 부쩍 심리 검사 같은 프로그램에 관심을 가지는 것 같다. 혈액형이나 띠, 별자리 등 그다지 신빙성이 없는 속설로부터 다양한 심리 검사에 이르기까지 개인의 이해를 위해 다양하게 쓰인다. 그중 요즈음 꾸준히 공감을 얻고 있는 것 중의 하나가 MBTI 유형 검사이다.

MBTI는 브릭스 여사와 그의 딸인 마이어가 75년에 걸쳐 개발한 성격 유형 지표이다. 그들은 사람의 성향이 각각 너무 다른 것에 착안하여 조사하기 시작했는데, 이것은 이미 심리학자 융에 의해 유형론이라는 학설로 정립되어 있었다. 이것을 기초로 '에너지의 방향', '인식 기능', '판단 기능', '행동 양식'의 네 부분으로 나누어 선호도를 조사하는 표가 나왔다.

이 검사는 사람을 좋고 나쁜 성격의 소유자로 분류하는 것이 아니라, 자신을 바로 이해하고 자신의 성향과 장점을 깨달아 자기를 사랑하고 성숙할 때 단점은 보완되고 인간 관계에까지 영향을 미치도록 도와주는 프로그램이다.

자신을 사랑하는 것은 타인 사랑의 디딤돌이다.

우리가 사람들을 대하다 보면 가장 뚜렷이 나타나는 차이는 외향성과 내향성이다. 외향성의 사람은 자기 외부로부터 에너지를 얻기 때문에 부지런히 타인과의 만남을 시도하고 대화하기를 즐겨한다. 전화하기 좋아하고 폭넓은 대인 관계를 선호한다. 내향적인 사람은 이런 유형의 사람을 이해하기 어렵다.

내향적인 사람은 자기 내면에서 에너지가 채워지므로 밖에서 끊임없이 요청되어질 때 침범당하는 느낌을 받는다. 그래서 전화기를 꺼놓기도 하고, 말보다 글로 자신을 나타내기를 좋아하므로, 이메일이 아주 좋은 통신 수단이라고 생각한다. 회식 때는 빨리 마치고 집에 가기를 원할 수도 있다. 이러한 모습을 보는 외향성의 사람은 이들이 인간관계를 회피하는 것처럼 보이고, 몸을 사리는 것처럼 보일 수도 있다. 물론 어떠한 성격이 좋은 성격이라고 말할 수는 없다.

만약 심리검사를 받기 원하는 사람이 있다면 반드시 스스로를 사랑하고자 하는 의도로 임하기 바란다. 왜냐하면 자신을 사랑하는 것은 타인 사랑의 디딤돌이 되기 때문이며, 하나님이 주신 것은 잘 운용될 때 모든 것이 선하기 때문이다. 또 믿을 수 있는 기관에서 프로그램 운영 소양을 가진 리더로부터 검사 받기를 권하고 싶다. 요즈음 인터넷이나 단편적인 통신수단 등에서 하는 검사는 오히려 내담자에게 실망과 상처를 주고 자신이 가지지 않은 것을 부러워하게 하는 결과로 역행될 수도 있기 때문이다. 壎

내향적인 사람은 자기 내면에서 에너지가 채워지므로 밖에서 끊임없이 요청되어질 때 침범당하는 느낌을 받는다. 그래서 전화기를 꺼놓기도 하고, 말보다 글로 자신을 나타내기를 좋아하므로, 이메일이 아주 좋은 통신 수단이라고 생각한다.

불편과 불행

믿음으로 모세는 장성하여 바로의 공주의 아들이라 칭함을 거절하고 도리어 하나님의 백성과 함께 고난 받기를 잠시 죄악의 낙을 누리는 것보다 더 좋아하고 그리스도를 위하여 받는 능욕을 애굽의 모든 보화보다 더 큰 재물로 여겼으니 이는 상주심을 바라봄이라(히 11:24-26).

1999년 3월 16일, 예술의 전당에서는 독특한 연주가의 공연이 있었다. 타악기 연주자인 이블린 글레니의 공연이었는데, 그녀는 12살 때 청각을 잃고 특수 보청기와 구화로 의사 소통을 하는 상태였다. 청각은 잃었지만 그녀는 그녀가 동원할 수 있는 모든 감각을 활용해서 음악 활동을 한다고 했다. 무대에 설 때는 맨발로 서는데 이것은 피부 진동으로 소리 강약을 구분하기 위해서라고 했다. 그녀는 세계를 무대로 매년 120회 가량 연주회를 가지며, 개인적으로 청각장애 아동들을 돕고 있었다. 이블린 글레니의 말 중에서 감동을 받은 부분이 있다.

"나는 청각 장애가 불편하기는 하지만 불행으로는 여기지 않는다."

음악을 하는 사람으로서 들을 수 없다는 것은 엄청나고 심각한 장애인데도 그녀는 불편한 것은 사실이지만 불행한 것은 아니라고 말했다. 당신은 어떤가? 대부분의 사람들은 불편한 것을 싫어한다. 잠시의 불편함도 참지 못한다. 지난 여름 지리산 골짜기에서 교회 수련회를 하면서 느낀 것은 사람들이 어느새 에어컨 문화에 익숙해져서 선풍기라도 없으면 더위를 견디지 못하는 것이었다. 사실 에어컨이나 히터의 바람이 우리 몸의 건강에 얼마나 유해한지는 생각하지도 않고 잠시의 불편함을 싫어한다. 사람은 철을 따라 더울 때는 땀을 흘려야 건강한 데도 말이다.

> "나는 청각 장애가 불편하기는 하지만 불행으로는 여기지 않는다." … 사람들은 대개 불편한 것은 불행으로 생각하고, 불편 요소가 있을 때 그것을 부끄러워하고 극복하려고 한다.

사람들은 대개 불편한 것은 불행으로 생각하고, 불편 요소가 있을 때 그것을 부끄러워하고 극복하려고 한다. 그런데 이블린 글레니의 "청각 장애를 극복해야 한다는 생각보다는 생활의 한 부분으로 자연스럽게 받아들였다"고 하는 말에서 그녀의 건강한 모습을 확인할 수 있었다.

우리가 그 무엇을 극복해야 한다는 강박 관념에 사로잡힐 때는 그 자체가 마음에 큰 부담이 된다. 그녀는 심각한 장애 요소를 갖고 있었지만 그것을 불편해 하기는 해도 불행으로 여기지 않았고, 그것을 극복해야 한다는 생각보다는 생활의 일부분으로 자연스럽게 받아들였다.

불편하게 살려고 작정하고, 자신만이 가지고 있는 고통의 요소를 자연스럽게 인정하고 수용할 때에 새로운 차원의 기쁨과 평강이 있다. 다니엘이 뜻을 정하고 왕의 진미를 거절하고 채식과 물만 먹었어도, 왕의 진미를 먹은 소년들보다 얼굴이 더욱 아름답고 윤택했다.

필자가 아는 어떤 사람은 아파트 16층에 사는데 건강을 위해서 일부러 엘리베이터를 타지 않고 걸어서 다니고 있다. 육신의 건강을 위해서도 일부러 불편하게 살아가는 사람들이 많은데 복음을 위해 살아가는 그리스도인은 많은 경우에 불편을 피하고 극복하려 하기보다, 불편하게 살아가려고 해야 한다. 뇌성마비 장애인인 송명희 씨는 "하나님께서 나를 아름답지 못하게 만드셨지만, 아름답게 사용하신다."고도 말했다.

드물지 않게 육신의 불편을 통해 인생의 참된 행복을 발견하는 사람들을 본다. 육신의 편리와 실용성만을 추구하게 될 때, 사람은 쉽게 나태와 죄악, 권태에 빠진다. 때문에 작은 불편을 피하려다가 큰 영적 유익을 잃어버리는 누를 범하지 말아야 한다. 인생은 얼마나 편리한가로 판단할 것이 아니라 그가 얼마나 사명을 이루었는지로 보아야 한다. 모세는 잠시 죄악의 낙을 누리는 것보다 하나님의 백성과 함께 고난 받기를 더 좋아했다. 壎

> 불편하게 살려고 작정하고, 자신만이 가지고 있는 고통의 요소를 자연스럽게 인정하고 수용할 때에 새로운 차원의 기쁨과 평강이 있다.

자존감 세우기

하나님을 따라 의와 진리의 거룩함으로 지으심을 받은 새 사람을 입으라 (엡 4:24).

자신의 가치에 대하여 어떻게 평가하고 있는가? 사람은 살아가는 동안 좋은 면이든 나쁜 면이든 조금씩 변해 간다. 이러한 변화는 자신의 기대에 부응하기도 하고 때로는 못 미치기도 한다. 그래서 간혹 5년 후, 10년 후에 예전에 알던 사람을 만나면 당황스러울 때가 있다.

먼저 된 자가 나중 되고 나중 된 자가 먼저 되는 일이 많은 세상이지만, 한 사람이 어떻게 성장해 가는가 하는 문제는 대단히 중요한 일이다. 사람을 평가할 때에 중요한 잣대는 사람의 생각 속에 있는 가치관이 된다.

"저 사람은 왜 저럴까?"라고 할 때에 그 사람 속에 있는 생각이 그를 왜곡되게 이끌기도 하고, 억압시키기도 하며, 때로는 반작용을 일으켜 과장된 과시를 하게 만들기도 한다.

어린 사람이 고귀한 꿈을 품고 살아서 자신의 꿈을 이루는 것을 볼 때가 있다. 학생 때에 황당한 꿈 같은 얘기를 하지만, 그것이 성경 말씀과 기도로 인하여 생긴 꿈일 때는 엄청난 꿈의 성장을 보게 된다.

교도소 선교를 하는 박효준 장로의 간증을 들어보면, 믿음이 좋은 사람은 때로 황당한 소리를 하고 주책부리기까지 하며, 약간 푼수 끼가 있어 보인다. 그렇다. 꿈은 그 사람 속에서 상상의 나래를 펴게 하고 자라가게 한다. 나중에는 우리가 꿈을 꾸는 것이 아니라 꿈이 우리를 끌고 가는 형국이 되기도 한다.

꿈은 아무리 커도 세금을 내지 않는다. 우리가 기억하는 많은 위대한 사람들은 학생, 청년의 때에 꿈을 꾸고 비전을 갖고 살다가 그 꿈을 마침내 현실에서 이룬 이들이다. 내 꿈, 네 꿈이 아니라 성경을 듣고, 읽고 묵상하다가 꾸는 꿈이 진짜이다. 내 야망은 포기하고 변절될 수 있다. 그러나 하나님이 주신 꿈은 반드시 이루어진다.

> 꿈은 아무리 커도 세금을 내지 않는다. … 자기 기준이 낮고 천박한 사람은 결국 생각만큼 머물게 된다.

자기 기준이 낮고 천박한 사람은 결국 생각만큼 머물게 된다. 그래서 자존심이 낮은 사람은 자살을 쉽게 생각하게 되고, 자기 평가 기준을 너무 낮추어 보는 사람은 사실 누구도 그를 도와 주기가 어렵다. 밑 빠진 독에 물 붓기라고나 할까, 여러 사람들을 만나 교제하면서 자기 성장과 성숙을 도모해 나가야 한다.

우리가 성경을 알고 믿을 때에 성경 속에 나타나는 자아상은 얼마나 긍정적이고 소망적인가? 사람은 하나님의 형상으로 지음 받았고 하나님께서는 각 사람에게 귀중한 은사를 주셨다. 그러므로 정신을 차리고 하나님의 언약 백성으로서의 자존감을 가지고 담대하게 나아가면 믿음의 자람이 나타날 것이다.

누군가 나를 대해 주는 것도 큰 힘이 되지만 하나님께서 나를 한결같이 사랑하시고 나를 통해 큰 영광 받으실 섭리의 계획을 갖고 계심을 잊지 않을 때 사람은 그 믿음만큼 인격도 삶도 따라가게 된다.

자존감이 물질보다 낮을 때, 현세보다 약할 때, 그 사람은 굴하게 되고 생의 수레바퀴를 그 수준에서 멈추거나 역행시키게 된다. 타인을 자신과 비교하면 누구나 열등의식에 빠지게 된다. 그러나 창조력을 가지고 보면 누구나 세상에 단 하나뿐인 독창적인 아름다운 삶이 보이기 마련이다. 남들이 보는 내가 아니라, 내가 보는 내가 아니라, 하나님께서 성경 말씀을 통해 말씀하시고 보시는 내가 진짜 나이다.

위대하신 하나님을 믿고 위대한 생각을 하고, 위대한 꿈을 꾸고, 위대한 삶을 살아갈 때 기대 밖의 아름다운 삶을 살아갈 것이다. 사정이 급하다고, 현실이 당장 어렵다고 규모 없이 살아갈 일이 아니라 주님이 원하시는 모습으로 나의 진정한 모습을 세워가야 한다. 壎

타인을 자신과 비교하면 누구나 열등의식에 빠지게 된다. 그러나 창조력을 가지고 보면 누구나 세상에 단 하나뿐인 독창적인 아름다운 삶이 보이기 마련이다.

네 몸과 같이 사랑하라

네 이웃을 네 몸과 같이 사랑하라(마 22:39).

사랑은 특별한 관계를 맺게 한다. 그래서 사람을 알아가는 만큼 사랑은 더욱 깊어지고 마음이 통하며 느낌이 전달되어진다. 사랑의 관계가 깊어지고 넓어지는 것은 건강하고도 바람직한 일이다. 사람과 사람 사이에 관계가 단절되거나 틈이 넓어지는 것은 그래서 근심스러운 일이다.

구약 성경에는 수백 가지의 율법이 있다. 그 모든 율법을 압축해 놓은 것이 바로 신약의 마태복음 22장 36-40절 말씀이다.

"주 너의 하나님을 사랑하라. 네 이웃을 네 몸과 같이 사랑하라"

> 자기만 사랑하는 것은 이기적이지만 하나님께서 창조하신 자기를 사랑하는 것은 성경적이고 건강한 사랑이다.

이것이 율법과 선지자의 강령이다. 인생의 제일 되는 목적이 하나님을 영화롭게 하는 것이며, 하나님을 사랑하는 사람이 이웃을 사랑하게 된다. 그러나 우리는 이 말씀에서 '하나님 사랑! 이웃 사랑!' 이라는 구호보다 그 사이에 있는 '네 몸과 같이' 라는 말씀에 주목할 필요가 있다.

우리 주변에는 자기를 싫어하고 자기의 성장 과정, 신체조건, 성격에 대해서 부정적인 생각을 가진 사람들이 많이 있다. 자신을 스스로 인정하고, 수용하고 사랑하지 못한다면 그 사람은 사랑의 첫 단추부터 잘못 끼운 것이다. 자기만 사랑하는 것은 이기적이지만 하나님께서 창조하신 자기를 사랑하는 것은 성경적이고 건강한 사랑이다.

하나님은 하나님의 형상대로 사람을 만드셨다(창 1:26). 또한 하나님의 은사와 부르심에는 후회하심이 없다(롬 11:29). 그리고 더불어 감사함으로 받으면 버릴 것이 없으며, 그리스도인은 말씀과 기도로 거룩하게 된다(딤전 4:4). 그렇기 때문에 하나님께서 만드신 나를 수용하고 사랑하는 것은 사랑의 기초이자 첫고리이다. 여기서부터 이웃 사랑, 하나님 사랑으로 사랑이 넓어지고 높아지는 것이다.

자기를 향한 성경적인 자아상, 자기 모습에 대한 당당한 자긍심을 가진 자가 부모님도 공경하고 이웃과도 원만하며 신앙생활도 은혜롭다. 자신이 소중하고 멋지다고 생각되니 나를 낳아 주고 길러 준 분들이 어찌 고맙지 않겠는가? 오늘의 내가 있기까지 키워 준 주변 어르신들과 선생님들 모두가 공경 받고 높임을 받아야 한다.

이웃을 뜨겁게 만나니 그 정이 깊고 인상적이다. 지극히 작은 자 하나에게 한 것이 곧 주님께 한 것이 된다. 내 이웃뿐만 아니라 내가 몸담고 있는 교회가 좋고, 내가 자란 학교가 좋다. 바른 사랑을 할 줄 아는 사람은 이렇게 하나님 사랑, 이웃 사랑, 자기 사랑, 교회 사랑, 직장 사랑, 모교 사랑이 하나로 흐른다. 壎

> 하나님께서 만드신 나를 수용하고 사랑하는 것은 사랑의 기초이자 첫고리이다. 여기서부터 이웃 사랑, 하나님 사랑으로 사랑이 넓어지고 높아지는 것이다. … 자기를 향한 성경적인 자아상, 자기 모습에 대한 당당한 자긍심을 가진 자가 부모님도 공경하고 이웃과도 원만하며 신앙생활도 은혜롭다.

반 박자만 앞당기자

네 부모를 즐겁게 하며 너 낳은 어미를 기쁘게 하라(잠 23:25).

사람들의 구구절절한 사연을 듣다보면 왜 마음은 간절한 데도 막상 얼굴을 마주 대하면 그만 표현을 못하고 오히려 대화가 막히고 마는지 모르겠다. 우리네 정서가 원래 그러한 것인지 아니면 대화의 훈련이 안 되어서 그런지 "부모님 전상서"라는 라디오 방송을 진행하며 편지 사연을 소개하면서 대부분의 사람들이 아쉬운 사랑을 하고 있음을 느낄 수 있었다. 꼭 한 박자 뒤쳐져서 후회하는 사랑을 하는 것이다.

28년을 살아오면서 '사랑합니다, 아버지' 라는 말을 단 한 번도 하지 못했다는 장가간 아들의 사연 … 평소 말수가 적은 데다 사랑하는 사람 앞에만 서면 왜 그리 작아지는지 … 고맙다는 말과 미안하다는 말은 삼켜버린 채 마음에도 없는 나쁜 말만 내뱉는다. 돌아서면 곧 후회를 하면서도 따뜻한 말 한 마디 하기가 어렵다. 우리네 사랑 표현은 차마 말로 하지 못하고 돌아서서 가슴 가득 아쉬움과 눈물로 하게 되는가보다. 한 박자 늦은 채로.

별것도 아닌 시시한 일로 언쟁을 벌이고 그 일로 마음이 상한 채 며칠동안 속앓이를 한다. 어떻게 해야 하는가는 뻔히 알고 있으면서도 정작 마주하면 우물쭈물하고 만다. 이래서는 안 된다는 것을 잘 알면서도 내가 먼저 손 내밀지 못한다. 최용덕 님의 노랫말처럼 말이다.

> 파르르 끓다 금방 식는 냄비가 아니라 진득한 뚝배기처럼 사랑을 해야 한다. 코드를 꽂았다 뺐다 하는 전기장판보다는 군불을 지펴 온 방이 훈훈한 온돌이 좋다.

내가 먼저 손 내밀지 못하고 내가 먼저 용서하지 못하고
내가 먼저 웃음 주지 못하고 이렇게 머뭇거리고 있네
그가 먼저 손 내밀기 원했고 그가 먼저 용서하길 원했고
그가 먼저 웃음주길 원했네 나는 어찌된 사람인가
오 간교한 나의 입술이여 오 옹졸한 나의 마음이여
왜 나의 입은 사랑을 말하면서 왜 나의 맘은 화해를 말하면서
왜 내가 먼저 져줄 수 없는가 왜 내가 먼저 이해할 수 없는가
오늘 나는 오늘 나는 주님 앞에서 몸 둘 바 모르고
이렇게 흐느끼며 서 있네
어찌할 수 없는 이맘을 주님께 맡긴 채로
내가 먼저 섬겨 주지 못하고 내가 먼저 이해하지 못하고
내가 먼저 높여 주지 못하고 이렇게 고집부리고 있네
그가 먼저 섬겨 주길 원했고 그가 먼저 이해하길 원했고
그가 먼저 높여주길 원했네 나는 어찌된 사람인가
나의 욕심이여 오 서글픈 나의 자존심이여

세월은 흘러가고, 사람들을 알아갈 때 기쁘고 즐거운 추억보다 미안하고 가슴 아픈 사연들이 더 수북이 쌓인다. 그래서 아픔은 한이 되고 한 맺힌 가슴은 더 말을 못하고 그저 속으로 삼키는 것이다.

우리는 파르르 끓다 금방 식는 냄비가 아니라 진득한 뚝배기처럼 사랑을 해야 한다. 코드를 꽂았다 뺐다 하는 전기장판보다는 군불을 지펴 온 방이 훈훈한 온돌이 좋다. 우리 사랑 표현도 다만 멋적어도 좋으니 반 박자만 앞당기자. 壎

허물을 덮어 주는 자

허물을 덮어 주는 자는 사랑을 구하는 자요 그것을 거듭 말하는 자는 친한 벗을 이간하는 자니라(잠 17:9).

가끔 주변의 불미스러운 일이나 정치적인 얘기로 흥분해서 신랄하게 말하는 것을 들으면서 당혹스러울 때가 있다.

'왜 귀중한 시간에 꼭 저런 얘기만 할까?'

'왜 좋은 얘기나 가르침만 해도 부족한 시간인데 저런 어둡고 부정적인 얘기로 일관할까?'

'왜 듣는 사람마저 불쾌감과 역겨움에 빠지게 할까?'

자기 내면의 세계가 충일하지 못할 때, 사람은 타인이나 외부적인 것에 훨씬 더 과민하고 흥분하게 된다. 자기와는 전혀 관계없다는 듯이 싸잡아 악평을 하는 모습을 보면 인격이 그리 고매하게 보이지 않는다.

필자도 목회자의 한사람으로서 특별한 교훈이 아니라면 세상의 우울한 얘기나 부덕한 얘기는 가능하면 공식적인 설교나 성경 공부 시간에 입에 담지 않으려고 애를 쓴다.

최근에 언론이 다양한 채널을 가지고 여러 가지 방편으로 의사

표출을 하다 보니까 오히려 역기능적인 면이 늘고 있다. 전혀 알지도 못하는 데서 복사물을 잔뜩 보내와서 읽게 되면 그만 마음이 무거워진다. 물론 그것이 알 권리를 충족시켜 주고 가려운 부분을 시원하게 터치해 주는 면도 있다. 공개적으로 알려서 따끔한 맛을 보여 주자는 처방도 일리가 있다.

오죽했으면 신문지상이나 유인물을 통해서 전국에 알릴까마는 많은 순수한 사람들이 한 공동체의 분쟁이나 사건을 각종 신문이나 배달되어 오는 유인물을 통하여 접하면서 머리가 혼란해지고, 염증을 느끼게 된다는 사실을 결코 간과해서는 안 된다. 빈대 한 마리 잡는다고 초가삼간 다 태우는 경우가 있다.

> 잠언에 "허물을 덮어 주는 자는 사랑을 구하는 자요 그것을 거듭 말하는 자는 친한 벗을 이간하는 자"(잠 17:9)라고 했다.

베드로후서에서는 "이러므로 너희가 더욱 힘써 너희 믿음에 덕을, 덕에 지식을, 지식에 절제를, 절제에 인내를, 인내에 경건을, 경건에 형제 우애를, 형제 우애에 사랑을 공급하라"(벧후 1:5-7)고 했다. 잠언에는 "허물을 덮어 주는 자는 사랑을 구하는 자요 그것을 거듭 말하는 자는 친한 벗을 이간하는 자"(잠 17:9)라고 했다.

공동체나 조직 안의 일은 밖으로 내보내는 것보다 끌어안는 것이 더 지혜롭고, 확대하는 것보다는 축소하는 것이 더욱 지혜롭다.

갈등과 분쟁이 길어지면 점점 자기를 방어하려고 하고 상대편의 약점을 찾으려고 하기 때문에 악한 영이 틈을 타고, 시각과 말투가 전투적으로 바뀌게 되어 인격에 큰 손해를 보게 되는 것이다.

그러므로 누구나 시험에 들지 않게 깨어 기도해야 한다. 더욱 긍정적인 사고방식을 갖고, 장점을 바라보고, 좋은 일과 말을 함으로써 아름다운 공동체를 세워나가야 할 것이다. 燻

체감온도 1℃ ↓, 영감온도 1℃ ↑

여호와께로 돌아오라

체크리스트 영성

생활속의 간증

똥분에서 영광까지

영적 배터리를 충전하라

경건에 이르기를 중독 되기까지 하라

영성도 리모델링하라

포기의 미학

간에 바람 들라!

갑절의 영감

4

영성과 신앙 **영성으로 신앙을 말한다**

체감 온도 1℃↓ 영감 온도 1℃↑

형제들아 내가 하나님의 모든 자비하심으로 너희를 권하노니 너희 몸을 하나님이 기뻐하시는 거룩한 산 제사로 드리라 이는 너희의 드릴 영적 예배니라(롬 12:1).

우리는 날씨나 외부의 기온 변화에 쉽게 움츠러들기도 하고 활기를 띄기도 한다. 날씨라는 것이 사람 맘대로 조절할 수 있는 것이 아니지만 오르락내리락 하는 기온 변화에 요동치 말고 때로는 스스로 온도 변화에 적극적으로 맞추어 살아가야 한다.

얼마 전에 기독교환경운동연대(상임대표 임명진)에서는 자원 고갈과 환경 오염의 위기를 극복하기 위한 실천 운동으로 각 교회를 상대로 에너지 절약을 위한 온도계 보급 운동을 펼친 적이 있다.

기독교환경운동연대는 서울 시내 700여 교회에 실내 적정 온도 표시를 한 온도계와 에너지 절약 관련 홍보물을 전달하고 동참할 것을 호소했다. 거기에는 교회의 예배실과 사무실의 온도를 18-20℃로 유지하도록 할 것과 성도들에게 교회 이름을 새긴 온도계를 선물해 가정에서 적정 온도를 유지하도록 함은 물론 내복을 입고 생활하도록 권장하고 있다.

일교차가 커서 내의를 입기에 낮에는 불편하고 새벽에는 새삼스러울 수도 있다. 그러나 교회에서 고유가 시대에 새벽부터 온풍기를 켜서 법석을 떠는 것은 생각해 볼 문제이다. 기독교환경운동연대에 따르면 내의를 입을 경우 실내온도를 6-7℃ 낮출 수 있을 뿐만 아니라 온도를 1℃ 낮추면 도시 근로자 하루를 기준으로 연간 1,548억 원, 연간 에너지 수입 비용 2,343만 달러를 절감할 수 있다.

에너지 절약이야말로 창조주 하나님을 사랑하며 주께서 만드신 자연을 아끼는 길이므로 한국교회와 성도들이 솔선수범해야 할 일이다. 교회 안에서 전등 소등이나 물품 아껴 쓰기가 잘 되었으면 좋겠다.

> 오르락내리락 하는 기온 변화에 요동치 말고 때로는 스스로 온도 변화에 적극적으로 맞추어 살아가야 한다. … 영감 온도를 1℃만 올려 보자.

우리 몸의 체감 온도를 1℃만 낮추어도 이런 엄청난 효과가 있다면 교회나 가정에서 적극적인 내의 입기 운동을 해야 한다. 새벽기도 때는 더욱 새겨볼 일이다. 새벽기도 시간에 내의 입고 오기 운동이라도 펼쳐야 할 것이다.

필자가 대학에서 근무할 때에 환절기가 되면 학생들 사이에 자그마하고 따뜻한 방석을 선물하는 것이 참 산뜻하고 보기에도 좋아 보였다. 사랑하는 형제자매가 작은 면적이지만 따뜻하게 공부하기를 바라는 마음을 담아 주는 것이니 얼마나 포근한 일인가?

어떤 사업하는 장로 얘기가 재정 흐름에서 1원이 남는 것은 괜찮아도 1원이 모자랄 때는 심각한 상황으로까지 진전될 수 있기 때문에 적은 액수라도 그 방향이 플러스냐 마이너스냐가 중요하다고 한다.

우리 몸의 체감 온도뿐만 아니라 영적 기온에 대해서는 어떤가? 성령의 역사가 불의 혀처럼 나타났고, 성령 충만하면 심령이 뜨거워지는데 성도들의 영감 온도를 1℃만 올려도 교회와 가정이 얼마나 따뜻해질까? 목욕탕에서 온탕과 열탕 차이는 불과 4℃정도 차이가 나지만 실제 체감 온도는 엄청난 차이로 느껴진다.

가정주부가 요리를 자주 데우듯이 신앙생활도 영적 온도를 자꾸 끌어올려야 한다. 삼일 기도회, 철야 기도회, 새벽 기도회는 영적인 군불을 때는 것이라고도 볼 수 있다. 모이기를 힘쓰고, 기도에 힘쓰고 하나님을 아는 지식이 자랄수록 성도의 영적 온도는 반드시 올라갈 것이다. 주께서 얼굴을 우리에게 향하시고 은혜를 베푸시고, 평강을 주실 때 우리는 밝아지고 따사로움을 느낄 수 있을 것이다. 영감 온도를 1℃만 올려 보자. 壎

여호와께로 돌아오라

오라 우리가 여호와께로 돌아가자 여호와께서 우리를 찢으셨으나 도로 낫게 하실 것이요 우리를 치셨으나 싸매어 주실 것임이라(호 6:1).

1517년 10월 31일 정오, 마틴 루터가 독일의 비텐베르그(Wittenberg) 성당의 정문에 〈95개조의 반박문〉을 붙인 것을 기화로 종교개혁이 일어났다. "종교개혁"이라고 할 때, 이 '개혁' 이라는 말은 RE-FORM, 즉 '다시 돌아감' 을 뜻한다. 그럼 어디로 돌아가는 것을 말하는가? 그것은 바로 성경, 곧 하나님의 말씀으로 돌아가야 한다는 의미였다.

사도 바울은 하나님을 아는 지식이 가장 고상하다고 했다. 하나님을 아는 지식이 없을 때, 사람은 교만해지고 부패한다. 타락하여 우상숭배하게 되고 마침내 하나님의 진노를 격발하게 되어 멸망하고 엎드러지게 되는 것이다. 하나님을 아는 지식이 없음으로 인해 멸망의 단계를 밟게 되는 것이므로 하나님을 알기 위해 하나님의 말씀으로 돌아가는 것이 중요한 것이다.

호세아 선지자는 이스라엘 백성들을 향해 "네 하나님 여호와께 돌아오라"고 촉구한다(호 14:1). 그러면 고아가 주께로 말미암아 긍휼을 얻음같이 하나님이 저희 패역을 고치고 즐거이 저희를 사랑하실 것이요 하나님의 진노가 저희에게서 떠날 것이라고 말씀하신다.

하나님께서는 계속해서 이스라엘을 향해 돌아오라고 하신다. "오라 우리가 여호와께로 돌아가자 여호와께서 우리를 찢으셨으나 도로 낫게 하실 것이요 우리를 치셨으나 싸매어 주실 것임이라"고 하신다(호 6:1). 하나님은 우리를 찢기도 하시지만 싸매기도 하신다. 우리를 고치시기 위해 수술하신다는 말씀이다.

아브라함에게는 75세의 나이에도 불구하고 불러내시어 그를 다듬으시고, 복의 근원이 되게 하신 하나님이시다. 이삭에게는 빼앗긴 것을 찾아주시는 하나님이시다.

오늘날 많은 사람들이 건강에 관심이 많다. 어떠한 상태를 건강하다고 하는가? 자기의 체질을 잘 알고 잘 관리할 수 있으면 건강하다고 할 수 있다. 그런데 우리는 자신에 대해 잘 알지 못하는 경우가 많다. 그러나 하나님은 우리를 우리 자신보다 잘 아신다.

하나님은 누구보다도 당신을 잘 아시고 당신의 그 모습에 가장 잘 맞는 진단과 치료를 하시는 분이다. 아브라함에게는 75세의 나이에도 불구 불러내시어 그를 다듬으시고, 복의 근원이 되게 하신 하나님이시다. 이삭에게는 빼앗긴 것을 찾아주시는 하나님, 야곱에겐 그의 인간적인 기질을 기도의 체질로 바꾸시는 하나님이시다. 요셉에겐 꼬인 인생 가운데서도 대역전극을 연출하시는 하나님이시다. 하나님은 각각의 모습으로 나타나셔서 그들의 인격과 삶을 고쳐

놓으시는 것이다.

건강한 사람은 병이 없는 사람이 아니다. 병이 있어도 그 병을 잘 다스리고 즐기며 사는 사람이다. 하나님은 때로 우리에게 병과 고통도 주신다. 그러나 그것은 우리를 불행에 빠뜨리려고 주시는 것이 아니다. 그러한 것들마저 극복하고 행복으로 나아가는 성숙한 사람이 되게 하시려는 것이다. 명의(名醫)는 환자의 상태를 가장 잘 알고 진단할 수 있는 사람이다. 그러나 하나님은 그 어떤 명의보다 뛰어난 의사처럼 우리의 상태를 알고 치료해 주신다.

그러기에 우리는 고침을 받기 위해 하나님께로 나아가야 한다. 자유와 행복을 찾아 아버지 품을 떠난 탕자에게, 아버지의 품을 떠난 자체가 불행이었듯 우리 인생의 불행은 하나님을 떠난 그 순간부터 찾아오게 되는 것이다.

> 야곱에겐 그의 인간적인 기질을 기도의 체질로 바꾸시는 하나님이시고, 요셉에겐 꼬인 인생 가운데서도 대역전극을 연출하시는 하나님이시다. 하나님은 각각의 모습으로 나타나셔서 그들의 인격과 삶을 고쳐 놓으시는 것이다.

환자는 의사를 신뢰해야 한다. 수술할 때, 환자와 의사간의 신뢰 관계가 중요하다. 마찬가지로 하나님이 우리를 고치시기 위해 우리를 찢어 놓으실 때, 중요한 것은 그 하나님을 신뢰해야 한다는 것이다. 하나님은 우리의 체질을 잘 아실뿐 아니라 우리가 잘 되기를 바라시는 분이다. 그리고 못 고칠 병이 없으신 분이시다.

병을 고치기 위해 의사가 메스를 가하듯, 하나님은 우리를 치료하실 때 말씀의 검을 사용하신다. 말씀에는 우리를 치료하는 능력이 있다. 양약이 되는 것이다. 하나님의 말씀을 묵상한다고 할 때, 그 묵상이라는 말의 영어 meditation과 약이라는 말의 영어 medicine은 같은 어원을 가지고 있다.

이처럼, 성경 말씀은 약에 비유될 수 있는데, 우리가 약을 복용할 때 삼가야 할 음식이 있듯이 하나님의 말씀을 묵상할 때도 바른 태도는 그 말씀을 따라 절제된 삶을 사는 것이라고 할 수 있다. 주의 말씀에 나 자신을 내어 놓고 그 말씀으로 진단 받고 수술 받아 치료하시는 하나님을 체험하며 영육(靈肉)간에 강건한 삶을 살아가기를 바란다. [壎]

체크리스트 영성

육신의 생각은 사망이요 영의 생각은 생명과 평안이니라(롬 8:6).

객관적인 자료를 통해 건강이나 사역을 정기적으로 점검해 볼 수 있다면 자가 진단이 쉬울 것이다. 일정한 기준을 가지고 체계적으로 점검을 해보면 문제라는 것은 구체적으로 드러나기 마련이다. 대개 성공적이고 효율적인 관리를 하는 사람은 세밀한 체크리스트와 정기적인 점검 시간을 찾는다.

건강에 대해서도 막연한 두려움만 가지고 머뭇거리지 말고 병원을 찾아가서 의사 선생님에게 전문적인 진료와 상담을 해보면 자기 상태를 정확하게 파악할 수 있다. 정기 신체검사를 소홀히 했다가는 나중에 큰 곤란을 당할 수가 있다. 혈압이나 간 기능, 당뇨, 비만은 정기적으로 체크하여 관리해야 한다. 요즘은 혈압도 가정용 혈압계가 있어 쉽게 측정해 볼 수 있다. 체중을 확인해 보면 자기 비만을 관리할 자료가 나온다.

예방의학이 중요한 것은 그만큼 병이 커지기 전의 사전 조치가 가능하기 때문이다. 몸속에 병의 뿌리를 안고 그냥 살아갈 것이 아니라 정확한 진단을 통해 건강 관리를 해야 한다. 의사 선생님을 가까이 하도록 해야 한다. 가능하면 가정의 병력을 알 수 있는 가족 주

치의나 가정 전담의가 있으면 더 좋을 것이다. 객관적인 자료를 가지고 관리를 해나가야 제대로 된 건강관리를 할 수 있다.

신앙생활에도 점검이 중요하다. 매일 성경 묵상을 위한 구체적인 시간과 장소가 있어야 한다. 기도 생활도 정기적이고 계획적으로 하는 것이 좋다. 예수님의 휴식은 우리가 알다시피 대부분 기도와 관련이 깊다. 제자들도 성령 충만을 받은 후 오히려 시간을 정해 놓고 체계적으로 기도했던 것을 볼 수 있다.

경건의 시간을 위한 교재를 선정하고, 함께 점검할 수 있는 교제권을 확보한다면 금상첨화이다. 소그룹으로 모여서 함께 묵상한 말씀을 나누다 보면 자기 실상이 객관화되고 상대방의 이야기를 듣는 가운데 상호 치유 회복이 되기 때문이다. 일주일에 한 번이라도 주기적으로 만나서 경건 생활을 점검해 봐야 한다. 말씀과 전도, 기도와 교제의 축을 이룬 바퀴가 균형을 이루고 잘 굴러가야 신앙에 진보가 있다.

나누다 보면 자기 실상이 객관화되고 상대방의 이야기를 듣는 가운데 상호 치유 회복이 일어난다. … 기도와 교제의 축을 이룬 바퀴가 균형을 이루고 잘 굴러가야 신앙에 진보가 있다.

삶의 계획, 실천, 평가가 제대로 이루어지지 않기 때문에 주먹구구식 일 처리가 계속되고 실패가 반복되는 경우도 있다. 철저한

계획, 준엄한 실천, 냉혹한 평가가 있으면 규모 있는 생활이 이루어진다. 어떤 항목에 세부 지침을 잘 갖추고 일을 해나가야 허송과 낭비가 없다. 다양한 체크리스트를 가질 때 교양 있는 사람이 되고 내실 있는 그리스도인이 될 수 있다.

유태인들은 『토라』, 『탈무드』를 중심으로 생활의 체크리스트를 관리했던 사람들이다. 중국인들은 수천 가지의 고사 성어가 그들의 문화유산으로 이어왔다. 성경의 613가지 계명은 이스라엘 백성들을 피곤하게 하는 조항이 아니라 하나님의 백성들이 살아갈 구체적인 원리를 가르쳐 주었다. 성경에 있는 생활의 십계명들을 잘 기억하고 생각하여 실제적으로 실천할 때 규모 있는 사람으로 성장해 나갈 수 있을 것이다. 壎

생활 속의 간증

권하노니 모든 사람을 위하여 간구와 기도와 도고와 감사를 하되 임금들과 높은 지위에 있는 모든 사람을 위하여 하라 이는 우리가 모든 경건과 단정한 중에 고요하고 평안한 생활을 하려 함이니라(딤전 2:1-2).

지혜로운 사람의 생활 방식이란 어떤 것일까? 마음의 평정을 유지하고 음식이나 감정이나 일을 잘 조절하며, 지나치지도 모자라지도 않는 그러한 생활 방식(lifestyle)을 가진 사람이 있다.

우리의 삶의 양식에서 사소한 간증이나 일상적인 삶의 단편들을 가지고 하는 간증의 중요성에 대해 생각해 본다. 워낙 극적인 것을 많이 보아 와서 그런지 몰라도 많은 교인들에게 드라마틱한 간증거리가 없음에 대한 일종의 열등의식 같은 것이 있는 것을 본다.

무서운 질병에서 큰 치유의 능력을 맛보았거나, 못된 생활을 하다가 획기적으로 돌아온다거나, 밑바닥에서 정상까지 올라가야 남들에게 자랑할 수 있는 인간 승리가 되는 것으로 간주하는 경향이 있지만 사실 그보다 중요한 것은 매일 생활에서 일어나는 사소한 삶의 요소들이다.

큰 간증거리가 없어도 일상에서 감사와 성실한 마음이 있다면 그것은 아름다운 삶임에 틀림없다. 짧은 세월을 살아가면서 허둥대고 허공을 치듯이 헛되고 산만하게 살아갈 때가 얼마나 많은가?

충동 구매, 충격적인 사건, 자극적인 사랑, 짜릿한 입맛이 삶의 활력을 일으키고 자극이 되기도 하겠지만, 일상적인 삶에서 꼼꼼하게 하루 일정을 메모하고 별 탈 없이 하루를 마감하며 일기장을 쓸 때에 잔잔한 평화가 깃든다. 화끈한 입맛은 아니어도 구수한 된장에 세 끼 밥 잘 먹는 것이 보약일 것이다.

통곡하며 회개하진 않아도 새벽마다 어김없이 기도로 하루를 열고, 저녁 늦게 기도로 하루를 마무리하는 사람의 삶은 야무지다. 엄청난 축복을 받고 싶은 욕심보다도 주어진 소질을 잘 관리하고 내 분복(分福)을 누리는 것은 더 중요한 일이다.

모든 문제가 만사형통하지 않아도 아픔을 안은 채 불편을 즐기면서 사는 자세는 축복보다 더 귀중한 복이다. 큰 성공보다 작은 성실이 우리 삶에 더욱 필요하다. 극적인 삶이 아니더라도 날마다 평범한 일상 속에서 하나님의 임재 즉, 평안을 잔잔히 누리고, 사소한 축복을 헤아려 감사하라.

소박한 일상의 씨앗들이 아름다운 화원을 이루고 작은 씨앗 하나를 심고 키울 때 아름다운 동산이 가꾸어져 가는 것이 틀림없다. 위대한 축복을 기다리기보다 일상의 삶에서 사소한 것들로 행복을 수놓는 삶이 지혜롭고 풍성한 생활이 될 것이다. 壎

일상적인 삶에서 꼼꼼하게 하루 일정을 메모하고 별 탈 없이 하루를 마감하며 일기장을 쓸 때에 잔잔한 평화가 깃든다. 화끈한 입맛은 아니어도 구수한 된장에 세 끼 밥 잘 먹는 것이 보약일 것이다.

통분에서 영광까지

진리를 알찌니 진리가 너희를 자유케 하리라(요 8:32).

예수님께서 이 땅에 계시는 동안 베푸신 많은 기적들 가운데 특별히 죽은 지 나흘이 지난 나사로를 살리신 사건은 정말 그 유래를 찾아 볼 수 없는 놀라운 일이었다. 그런데 이 같이 엄청난 기적이 일어나는 데에도 어떤 단계가 있었음을 우리는 성경 말씀을 통해 살펴볼 수 있다.

그 첫 번째 단계는 통분하는 단계이다. 예수님께서 사랑하는 사람이 죽고 고통당하는 것을 보시자 그것에 대해 통분히 여기셨다는 것이 기적의 시작이었다. 소원, 통분, 열망이 있어야 한다. 사무치는 마음이 기적을 불러일으키는 것이다. 교회의 부흥을 향한 열망, 사랑하는 이들의 영육간의 강건함을 위한 열망, 경영하는 사업의 번창을 위한 열망이 사무칠 때, 사무친 기도의 응답이 바로 기적으로 나타난다.

성경에 예수님이 우셨다는 기록이 세 번 나온다. 예루살렘 성의 멸망을 예견하시고 우신 일, 그리고 겟세마네 동산에서 십자가 지시기 전날 통곡하신 일, 그리고 나사로의 장례식장에서 우신 일이다. 우시되 통분히 여기시며 우셨다고 하였다. 무엇에 대한 분노였는가? 사단 마귀가 당신의 사랑하는 사람들을 괴롭히는 것에 대한 분노였다. 죄의 삯이 사망인고로, 사망의 원인이 되는 죄에 대한 분노였다. 그 마음이 사무쳐 통분히 여기신 것이다.

우리 속에 눈물이 있는가? 무엇을 위해 우는가? 우리 속에 분노가 일어난다면 그것은 무엇을 위한 분노인가? 영혼을 사랑하고 주를 사랑하고 의를 사랑하기에, 죄와 사망과 어둠의 권세들에 대해 통분히 여기고, 그런 악하고 더러운 것들에게 고통당하는 영혼들을 향한 연민에서 일어나는 거룩한 분노와 눈물이 있어야 할 것이다.

은혜를 체험하기 위해서 우리는 먼저 하나님의 은혜를 받는 데 방해가 되는 것들을 제거할 필요가 있다. 내 인생에 주님과 동행하는 데 지장이 되는 것은 무엇인가? 끊어야 한다. 상습적인 장애물들을 제거하는 결단이 필요한 것이다.

두 번째 단계는 돌을 옮기는 단계이다. 나사로의 무덤 앞에서 통분히 여기시고 우시던 주님은 무덤 문을 막고 있던 돌을 옮기라고 명하셨다. 은혜를 체험하기 위해서 우리는 먼저 하나님의 은혜를 받는 데 방해가 되는 것들을 제거할 필요가 있다. 내 인생에 주님과 동행하는 데 지장이 되는 것은 무엇인가? 끊어야 한다. 상습적인 장애물들을 제거하는 결단이 필요한 것이다.

세 번째 단계는 믿음으로 나아가는 것이다. 죽은 지 나흘이 되어 썩는 냄새가 나는 시체가 되었다는 것은 사실이다. 그러나 사실이나 현실만을 바라보지 말고 믿음으로 바라보고 믿음으로 반응할 때 기적이 일어난다.

네 번째는 '그럼 무엇을 믿을 것인가?' 하는 문제이다. 주님의 말씀을 믿고 나아가야 한다는 것이다. 예수님께서 분명히 말씀하셨다.

"이 병은 죽을 병이 아니라"

결국 죽을 병이 아니라는 예수님의 선언은 그대로 되었다. 약속의 말씀을 믿고 나아가야 하는 것이다.

G-12 창시자 세자르 카스텔라노스 목사는 창세기 12장 2-3절 말씀을 약속의 말씀으로 받고 그 말씀대로 실천하여 5만 5,000셀이 조직되는 엄청난 하나님의 역사를 체험했다. 약속의 말씀을 붙들어서 하나님의 기적을 본 것이다.

다섯 번째는 감사하는 단계이다. 예수님은 나사로를 살리시기 전에 아직 죽어 있는 그 상황 속에서 하나님 아버지께 감사의 기도를 드렸다. 믿음으로 바라보고 감사하셨던 것이다. 믿음을 가지고 감사로 나아갈 때 기적은 일어난다.

여섯 번째는 선포하는 단계이다. 주께서 시체가 된 나사로에게

명하셨다.

"나사로야 나오라"

그러자 나사로가 살아서 나오게 된 것이다. 입으로 시인하여 구원을 얻고, 입술의 열매를 먹게 된다. 말은 그래서 마알, '마음의 알갱이' 이라는 뜻을 갖고 있다고 한다.

> 예수님의 권세가 사망의 세력을 멸하셨기에 구원받은 성도는 자유할 수 있다. 이것이 복음(福音)이 갖는 능력이다. 예수 안에 있는 자는 결코 미신이나 스스로에게 메이지 않는다. 영적인 자유를 누릴 수 있기 때문이다. "진리를 알지니 진리가 너희를 자유케 하리라"고 하신 것도 이런 이유에서다.

일곱 번째 단계는 자유하는 단계이다. 나사로가 살아서 무덤 속에서 나오자, 예수님은 사람들에게 명하셨다.

"풀어 놓아 다니게 하라"

예수님의 권세가 사망의 세력을 멸하셨기에 구원받은 성도는 자유할 수 있다. 이것이 복음(福音)이 갖는 능력이다. 예수 안에 있는 자는 결코 미신이나 스스로에게 매이지 않는다. 영적인 자유를 누릴 수 있기 때문이다. "진리를 알지니 진리가 너희를 자유케 하리라"고 하신 것도 이런 이유에서다.

마지막 단계는 하나님께 영광을 돌리는 단계이다. 예수님은 "이 병은 죽을 병이 아니라 하나님의 영광을 위함이요"라고 말씀 하셨고, 또 "돌을 옮겨 놓으라" 하신 후에 "내 말이 네가 믿으면 하나님의 영광을 보리라 하지 아니하였느냐"고 하셨다. 기적의 궁극적인 목적은 하나님께 영광을 돌리며 그 영광을 보는 것이다.

위의 단계들을 거쳐서 당신 안의 '통분'이 '영광'에 이르기를 바란다. 壎

영적 배터리를 충전하라

여호와께서 가라사대 너는 나가서 여호와의 앞에서 산에 섰으라 하시더니 여호와께서 지나가시는데 여호와의 앞에 크고 강한 바람이 산을 가르고 바위를 부수나 바람 가운데 여호와께서 계시지 아니하며 바람 후에 지진이 있으나 지진 가운데도 여호와께서 계시지 아니하며 또 지진 후에 불이 있으나 불 가운데도 여호와께서 계시지 아니하더니 불 후에 세미한 소리가 있는지라(왕상 19:11-12).

사람들은 누구나 열심히 달려간다. 인생 길에는 방학도 없고 휴식도 없다. 마치 호랑이 등을 탄 듯이 브레이크 없이 달려가는 사람도 있고, 그냥 물결 따라 떠내려가듯이 휩쓸려 내몰리는 사람도 있다. 쉬는 듯 보여도 마음속은 분주하고 복잡하며 편안하지가 않다. 아담이 하나님의 법을 어긴 후 숨고 쫓기듯이 불안한 달음질이 계속된다. 가만히 있어도 머리는 번잡하다.

'바쁘다', '피곤하다'는 말은 너무나 귀에 익숙한 소리이다. 갈수록 정보는 홍수처럼 범람하고, 기성세대의 신세대에게 뒤쳐지지 않으려는 몸부림은 연약한 몸에 가혹한 무리를 준다. 하루 24시간마저 부족하고 기본적인 일은 아무리해도 끝이 없이 반복된다. 하나님은 자연을 창조하셨고 안식의 원리를 주셨지만 사람들은 또 다른 도시를 세우고 각자 자기 소견에 옳은 대로 살아간다. 때때로 우리는 자신이 부닥치는 한계를 극복할 수 있도록 슈퍼맨이 되기를 상상해 보기도 한다.

구약의 선지자 엘리야는 혼자서 850명의 바알과 아세라 선지자를 상대하여 승리하였다. 기도 한 번 해서 하늘에서 불이 떨어지는 엄청난 체험을 한 그야말로 구약 성경의 대표적인 선지자였다. 그러나 그렇게 강력하던 엘리야도 이세벨의 '죽이겠다'는 말 한 마디에 낙망하여 자살을 하려고 했다. 열심이 특심이었던 엘리야도 의외로 연약하기 그지없는 인생의 모습을 보여준 것이다.

기도를 하여 하늘에서 불이 떨어지는 체험을 했다 해도 사람은 강한 듯하지만 너무나 연약한 존재이다. 야고보는 신약 성경에서, 엘리야는 우리와 성정이 같은 사람이로되 다만 간절히 기도했다고 했다. 이 세상에 특별한 종류의 사람은 없다. 모두들 장단점이 있는 연약한 사람일 뿐이다.

> 때때로 우리는 자신이 부닥치는 한계를 극복할 수 있도록 슈퍼맨이 되기를 상상해 보기도 한다. … 강해야 한다는 강박관념에서 벗어나 세미하고 부드럽게 속삭이는 하나님의 음성을 듣는 것이 바로 하나님의 임재를 경험하는 것이요, 치료요, 회복이다.

하나님께서는 이와 같은 엘리야를 치유하시고 회복시킬 때에 강력한 방법을 사용하시지 않았다. 크고 강한 바람이 산을 가르고 바위를 부수지만 하나님께서 그 바람 가운데 계시지 아니하시며, 지진이나 불 가운데 계시지 아니하시고 세미한 소리로 나타나셨다. 엘리야처럼 크고 강해야 한다는 강박관념에서 벗어나 세미하고 부드럽게 속삭이는 하나님의 음성을 듣는 것이 바로 하나님의 임재를 경험하는 것이요, 치료요, 회복이다.

우리는 슈퍼맨이 아니다. 한계를 가질 뿐 아니라 힘들면 지치고, 피곤이 쌓이면 탈진하는 언약한 존재들이다. 그 때 우리의 지치고 탈진한 몸이 쉼을 누리며 재충전하는 것과 동일하게 중요한 것은 우리의 내면을 하나님과의 경험으로 채우는 것이다. 우리의 내면이 하나님과의 임재 경험으로 충만할 때 우리가 쉬 지치지 않고 쓰러지지 않을 것이다. 몸의 배터리만큼 영적 배터리를 충전하는 일을 게을리 하지 말아야 할 것이다. 壎

우리의 몸은 슈퍼맨이 아니다. 한계를 가질 뿐 아니라 힘들면 지치고, 피곤이 쌓이면 탈진하는 언약한 존재들이다. 그 때 우리의 지치고 탈진한 몸이 쉼을 누리며 재충전하는 것과 동일하게 중요한 것은 우리의 내면을 하나님과의 경험으로 채우는 것이다.

경건에 이르기를 중독되기까지 하라

무릇 경건한 자는 주를 만날 기회를 타서 주께 기도할찌라 진실로 홍수가 범람할찌라도 저에게 미치지 못하리이다(시 32:6).

사람들을 만나보면 어려운 가운데에서도 쉽고 즐겁게 살아가는 사람이 있고, 이미 축복된 환경에서도 복잡하게 살아가는 사람이 있다. 분명히 예전보다 생활 여건은 향상되었는데도 생각이 많고 편안한 잠을 이루지 못하는 사람이 많다.

왜 사람들은 점점 생각이 번잡해질까? 아름다운 문장은 대개 짧다. 전문가는 일처리를 능숙하고 쉽게 한다. 또한 전문가에게는 복잡한 것을 단순화시키는 능력이 있다. 복잡한 것을 단순 명료화시켜 파악하는 것을 곧 지혜라고 한다. 말을 퍼뜨리기보다 속으로 침묵할 줄 아는 것이 좋은 인격이다. 일을 흐트러뜨리는 것보다 쉽게 처리하는 사람이 프로다. 복잡한 중에서도 핵심을 붙잡는 것이 센스이다. 영성도 깊어질수록 단순해진다.

성경은 "어린아이와 같지 않고는 결단코 천국에 들어갈 수 없다"(마 18:3)고 한다. 시편 기자는 "내 속에 생각이 많을 때에 주의 위안이 내 영혼을 즐겁게 하시나이다"(시 94:19)라고 했다. 그러나 사람들은 스스로 문제를 키우고 복잡하게 생각한다. 온갖 수단과 방법을 강구하다보니 생각이 많아지고 쉬운 일도 단순하게 끝내지 못한다.

> 정서적으로 허약한 사람은 혼자 있는 고독한 시간을 견디지 못한다. … 정신의학적인 중독증은 단순히 어떤 대상을 탐닉하는 것에 그치지 않고 의존성, 내성 및 금단 증상을 나타낸다. … 우리의 몸은 엉뚱한 쪽으로 굴리면 이상한 체질이 잡히고 중독이 된다.

성경은 "아무 것도 염려하지 말고 오직 모든 일에 기도와 간구로 너희 구할 것을 감사함으로 하나님께 아뢰라 그리하면 모든 지각에 뛰어난 하나님의 평강이 그리스도 예수 안에서 너희 마음과 생각을 지키시리라"(빌 4:6-7)고 가르친다. 생각이 복잡한 사람들은 의외로 엉뚱한 곳에 잘 빠진다. 정서가 불안한 사람이 TV시청률이 높고 폭력물이나 자극적인 것을 좋아한다. 자기 속에서부터 해결이 안 되니 엉뚱한 곳에서 출구를 찾기 때문이다. 그들에게 주님의 위안은 대수롭지 않게 생각되고 세상적인 위로가 감각적이고 현실적이고 멋있어 보인다. 정서적으로 허약한 사람은 혼자 있는 고독한 시간을 견디지 못한다. 그러다 보니 TV, 컴퓨터, 전화, 쇼핑, 술, 섹스 등 어딘가에 중독 증세를 나타내게 된다.

그래서 마약 중독이나 알코올 중독보다 무섭고 심각한 것이 마음이 산만하고 생각이 복잡한 사람의 심리적 강박 상태나 의외의 중독 현상이다. 서서히 무언가에 향해 중독될 수밖에 없기 때문이다. 요즘 청소년들은 절제력이 약하다. 죄악된 일도 취미 활동하듯이 중독된 듯한 사람들이 있다. 정신의학적인 중독증은 단순히 어떤 대상을 탐닉하는 것에 그치지 않고 의존성, 내성 및 금단 증상을 나타낸다.

무엇인가에 중독된 사람은 마음이 복잡하거나 허전할 때 자기도 모르게 중독된 그 무엇으로 시간을 보낸다. 마음의 위안을 얻기 위해 빠져든 그 무엇에서 헤어나오지 못하는 내성 현상을 보이고 결국에는 그 일을 하지 않으면 초조하고 불안해한다. 그래서 반복해 그 일을 찾게 되고 다시 안도감과 쾌감을 느끼지만 더욱 속은 허전해 하고 불안해한다.

> 경건에 이르기를 연습하고 단순한 영성의 소유자로서 하나님의 위안으로 만족할 줄 아는 사람이 되어야 한다. 이런 사람은 복잡한 세상에서 홀로서기가 된다. 다시 목마를 것을 찾는 것이 아니라 위로부터 오는 참된 것을 찾는다.

중독에도 긍정적 중독이 있다. 기도 중독이나 운동 중독은 우리 몸과 마음을 얼마나 건강하게 만드는가? 중국 기예단, 북한 교예단의 몸놀림을 보면 탄성이 절로 나온다. 그들의 공연을 통해 연습의 중요성을 배운다. 우리의 몸은 엉뚱한 쪽으로 굴리면 이상한 체질이 잡히고 중독이 된다.

그러나 하나님께 쓰임 받는 사람이 되기 위해서는 경건에 이르기를 연습하고 단순한 영성의 소유자로서 하나님의 위안으로 만족할 줄 아는 사람이 되어야 한다. 이런 사람은 복잡한 세상에서 홀로 서기가 된다. 다시 목마를 것을 찾는 것이 아니라 위로부터 오는 참된 것을 찾는다.

"우리가 선을 행하되 낙심하지 말지니 피곤하지 아니하면 때가 이르매 거두리라"(갈 6:9). 壎

영성도 리모델링하라

오직 너희를 부르신 거룩한 자처럼 너희도 모든 행실에 거룩한 자가 되라 기록하였으되 내가 거룩하니 너희도 거룩할찌어다 하셨느니라(벧전 1:15-16).

한때 새마을운동과 4H운동이 농촌 부흥의 큰 전기가 된 적이 있었다. 요즘은 사회 각 분야에서 구조조정이 급격히 진행되고 있다. 급변하는 환경 속에서 공룡이 자신의 비대한 체구를 감당하지 못하고 멸종된 것처럼 이 시대에도 자신과 조직을 리모델링하고 바꾸지 않으면 살아남을 수 없게 되었다.

현대인들은 쏟아지는 새로운 정보와 과거 지향적인 자신, 과도한 사회적인 요구와 미처 대처할 수 없는 자기 자신 사이에서 피곤과 갈등을 겪으며 산다. 세상에 적응하기 위해서라기보다 본래 그리스도인은 묵은 땅을 기경하고 굳은 마음을 옥토로 갈아야만 한다. 때문에 이 시대를 살아가는 그리스도인들은 개인 영성의 재조명뿐만 아니라 가정도 리모델링하고, 교회를 개혁하는 데 앞장서야 한다.

최근에 사진관에 들렀다가 너무나 아름다운 부부의 사진을 보았다. 어쩌면 이렇게 잘 어울리는 결혼사진이 있을까 하고 물어보았더니, 그 사진은 결혼식 사진이 아니라 결혼한 지 30년이 지난 중년 부부의 사진으로 이제 갓 대학을 졸업하고 취업한 딸이 첫 봉급을 받은 기념으로 촬영한 것이라고 했다. 결혼 후 30년이 지났는데도 어찌 그리 젊어 보였을까? 사진 한 장이 30년된 부부를 다시금 새롭게 볼 수 있도록 한 것이다.

물론 사진 촬영 기술이나 사진 현상 기법이 훨씬 나아진 것도 있지만 이들 부부도 메이크업을 하고 단장을 했을 것이다. 화장을 하고, 드레스를 입고 연출을 하니 멋지고 아름다운 부부 사진이 나오게 된다. 사진 한 장에 한 가정의 실상을 다 표현할 수는 없지만 얼굴이 이력서요, 얼굴이 전도지라고 한다면 그 사진 한 장으로도 그 가정의 행복을 가늠해 볼 수 있었다.

> 급변하는 환경 속에서 공룡이 자신의 비대한 체구를 감당하지 못하고 멸종된 것처럼 이 시대에도 자신과 조직을 리모델링하고 바꾸지 않으면 살아남을 수 없게 되었다. … 우리 개인의 영성도 리모델링해야 한다. … 우리의 겉은 날로 '세월'을 좇을지라도, 우리의 속은 날로 리모델링되어야 한다.

앞만 보고 살지 말고 부부간의 대화를 위해 신혼 때처럼 하룻밤을 꼬박 세워서라도 깊은 대화를 풀어보아야 한다. 작심삼일이라도 가정 예배를 드리고, 가정의 절기를 만들고, 가족 여행이라도 기획해 볼 필요가 있다. 결혼 사진도, 가정 생활도 리모델링해야 한다. 품격은 다듬고 가꾸어야 만들어지는 것이다.

우리 개인의 영성도 리모델링해야 한다. 신앙에 방학이나 진공 상태는 없다. 나빠지든지 좋아지든지 둘 중 하나이다. 가만히 있으면 나태해지는 법이다. 우리의 묵은 땅을 기경하고, 날마다 새로운 은혜를 누리기 위하여 지속적으로 자신을 돌아보아야 한다. 우리의 겉은 날로 '세월'을 좇을지라도, 우리의 속은 날로 리모델링되어야 한다. 壎

포기의 미학

예수께서 제자들에게 이르시되 아무든지 나를 따라 오려거든 자기를 부인하고 자기 십자가를 지고 나를 좇을 것이니라(마 16:24).

포기하는 것이 얼마나 중요한가? 사람은 누구든지 물질이나 명예나 권력을 쌓아 가려고 노력한다. 아니, 버리지 못하는 속성이 있다.

사람은 나이가 들어갈수록 포기하는 것이 많아진다. 그런데 '과거'의 그 어떤 것을 버리지 못하고, 단념하지 못하면 그것이 이내 병이 되고 발전의 장애가 되기도 한다. 버리지 못하고 움켜잡기만 하면 결국 잡다해지고 산만해져서 종래에 가서는 집중력이 떨어지고 성취도가 약해진다.

영성이 깊어질수록 사람은 단순해지는 법이다. 전문가일수록 주변이 단정하다. 여러 가정에 심방을 다녀 보면 생활이 안정되어 갈수록 살림살이가 단순해지는 것을 보게 된다. 건강도 마찬가지로 과로가 만병의 근원이듯이 음식도 절제할 줄 알고, 시간도 욕심 내지 않을 때 건강이 유지된다. 음식을 절제하면 모든 것을 절제할 수 있다. 그런 면에서 금식 기도는 더 간절하고 결연한 기도라고 할 수 있다.

많은 사람들이 텔레비전 중독, 술 중독, 담배 중독, 쇼핑 중독, 컴퓨터 중독, 전화 중독, 스포츠 중독, 섹스 중독 등에서 헤어 나오지 못한다. 절제하기 어려워하는 그런 모습을 보면서 버리고 단념하지 못하는 모습이 아쉬울 때가 많다.

> 영성이 깊어질수록 사람은 단순해지는 법이다. 전문가일수록 주변이 단정하다. … 포기하는 것은 마음의 절제다. 근신하는 마음이다. … 어떻게 해야 좋을지 모를 문제를 끌고 가는 것이 인생이다.

신앙 생활은 자기를 포기하는 과정이다. 제자의 요건은 무엇보다도 자기를 부인하는 것이다. 세상은 욕심 부리고 챙기는 사람보다 오히려 많은 것을 포기하고 한 우물만 판 사람들이 성공하는 법이다. 재주가 많은 사람이 아니라 한 가지라도 똑부러지게 하는 사람이 잘 하는 것이다.

잔재주가 많은 사람이 성공하기 어렵다는 말도 그만큼 일이 산만해지면 그로 인해 집중이 어렵기 때문에 생겨난 말이리라. 포기하는 것은 마음의 절제다. 근신하는 마음이다. 자기 마음을 비우면 분수를 알고 주제를 파악하게 된다. 그것이 겸손이다. 그런 '삶'은, 가진 재주를 부끄러워하지 않고 감사히 여기기 때문에 골똘하고 성실하다.

세상은 노력해서 안 되는 일도 있다. 치유되지 않는 결점도 있다. 그것은 본인의 책임이 아니고 교육으로 해결되는 일도 아니다. 인류 역사상 초능력의 소유자도 있었지만 무능한 사람도 많았다는 것을 가르치지 않는 것은 교육의 무성의하며 잔인한 태도라 해야겠다. 하면 되는 일이 있지만 동시에 해도 안 되는 일, 더욱 해서는 안 되는 일도 있다. 어떻게 해야 좋을지 모를 문제를 끌고 가는 것이 인생이다.

'하면 된다' 를 부둥켜안고 악을 쓰는 것이 미덕이 아니다. 때로는 포기하고 단념할 때 새롭고 고요한 역사를 보게 된다. 자질의 한계에서 방황하지 말고 내가 할 수 있는 곳에서 즐겁게 하는 것이 중요하다. 성경은 인생이 빈손으로 왔다가 빈손으로 간다고 가르친다. 죽을 때가 아니라 살아 생전에도 평생 지니고 있을 만큼 중요한 것이 그리 많지 않다.

> 때로는 포기하고 단념할 때 새롭고 고요한 역사를 보게 된다. … 인생의 가치는 얼마나 가지고 있느냐가 아니라 얼마나 버릴 수 있느냐에 있다. 버릴 수 있는 용기가 필요하다. 잘 버리는 것이 지혜이다.

예수님이 부르실 때에 베드로는 모든 것을 버리고 따름으로 천국 열쇠를 얻었다. 인생의 가치는 얼마나 가지고 있느냐가 아니라 얼마나 버릴 수 있느냐에 있다. 주님보다 더 신뢰할 것은 없다. 버릴 수 있는 용기가 필요하다. 잘 버리는 것이 지혜이다. 壎

간에 바람 들라!

예수께서 비유로 여러 가지를 저희에게 말씀하여 가라사대 씨를 뿌리는 자가 뿌리러 나가서 뿌릴 쌔 더러는 길 가에 떨어지매 새들이 와서 먹어버렸고 더러는 흙이 얇은 돌밭에 떨어지매 흙이 깊지 아니하므로 곧 싹이 나오나 해가 돋은 후에 타져서 뿌리가 없으므로 말랐고 더러는 가시떨기 위에 떨어지매 가시가 자라서 기운을 막았고 더러는 좋은 땅에 떨어지매 혹 백 배, 혹 육십 배, 혹 삼십 배의 결실을 하였느니라(마13:3-8).

멀쩡하던 사람이 어느 날 갑자기 사고를 칠 때, 가만히 보면 간에 바람이 들어서 그렇다는 걸 알 수 있다. 사람은 하루아침에 망하거나 흥하지 않는다. 언젠가 마음에 미동이 일어나고 마음에 틈새가 생기면 영락없이 사람이 변하고 만다.

무릇 지킬만한 것보다 마음을 지키라고 했다. 그러나 마음관리가 여간 어렵지 않다. 만성피로나 지속적인 스트레스가 간세포를 손상시키고, 해독력을 상실해서 점차 간 기능을 잃고 온몸에 역기능적인 병리현상을 나타내듯이 사람 마음도 비슷하다.

작은 사건이 마음에 상처를 내고 그것이 생채기로 발전하다가 마음에 깊은 상처가 되면 문제되는 말을, 문제되는 행동을 하고 만다. 그렇기 때문에 예방의학, 초동대처가 좋아야 한다. 애당초 바람 들 여지나 가능성을 차단해야 한다는 얘기다.

마음에 갈등과 불만의 파고가 일기 시작하면 언젠가 쓰나미같이 내 인생을 휘덮어 버린다. 초심, 첫사랑을 잃어버리고 현실에 부담을 갖고 불평을 쏟아내다 보면 떠나고 싶고, 떠날 일이 생긴다. 다른 곳이 좋아 보이고, 그래서 멀쩡한 사람이 사표를 던지고, 평상

시와 다른 모습을 드러내고 만다.

> 무릇 지킬만한 것보다 마음을 지키라고 했다. 그러나 마음관리가 여간 어렵지 않다. 만성피로나 지속적인 스트레스가 간세포를 손상시키고, 해독력을 상실해서 점차 간 기능을 잃고 온몸에 역기능적인 병리현상을 나타내듯이 사람 마음도 비슷하다.

스프링처럼 너무 누르거나, 너무 당기면 원래 기능을 상실해 버리기 쉽다. 그렇기 때문에 스트레스 관리, 압력 해소에 신경을 써야 한다. 건축하는 사람 얘기 중에 하나님과 물은 못 속인다는 말이 있다. 물이 스며드는 누수현상은 좀체 막기가 어렵다. 처음부터 방수가 안 되면 수리, 보수가 참 어렵다. 아예 한 번 더 덧입히는 공사가 쉬울 때도 있다. 간 기능의 회복이 쉽지 않듯이 마음에도 간염, 간경화가 있는데 이를 주의해야 한다.

마음에 염증, 즉 마음이 굳어지면 그것만큼 회복이 어려운 일도 없다. 설득도 소용없고, 충고도 필요 없다. 복 있는 사람은 악인의 꾀를 좇지 않고, 죄인의 길에 서지도, 앉지도 않는 법인데 사람이 망하기 전에는 마음이 변해서 망할 생각, 망할 행동을 하다가 결국 망하고 만다.

마음을 좋은 땅, 길가 밭, 가시 밭, 돌짝 밭에 비유하지 않는가? 마음관리를 잘 못하면 마음이 쓰레기통같이 된다. 마음도 길들이기

나름이다. 마음을 긍정적이고 낭만적으로 유지시키라. 마음에 신바람이 일게 하라. 마음은 먹기 나름이다. 은혜를 받았다는 것은 마음에 찔린 바 되어 나쁜 것들을 회개하고, 버린 후 좋은 것으로 채워지는 상태를 말한다.

성령 충만한 상태는 신령한 것으로 마음이 가득 차 있는 것을 말한다. 마음에 결벽증을 가지고 너무 완벽하게 유지하려고 할 때에 오히려 일곱 귀신이 들어오는 역습을 당하듯이, 마음관리를 너무 지나치게 하지도 말고 일상에서 감사하고 하나님이 만드신 나 자신을 사랑하고 하나님께서 부탁하신 일을 사랑하라. 壎

갑절의 영감

건너매 엘리야가 엘리사에게 이르되 나를 네게서 취하시기 전에 내가 네게 어떻게 할 것을 구하라 엘리사가 가로되 당신의 영감이 갑절이나 내게 있기를 구하나이다(왕하 2:9).

아무리 좋은 일도 지속성이 떨어지고 단절 되면 바람직한 현상이라 할 수 없다. 그런 면에서 한국사회의 문제는 연결이 잘 되지 않는 데 있다고 할 수 있다. 그러나 성경에는 아름다운 연결이 나온다. 하나님의 사람으로 한 시대에 쓰임 받은 사람이 다음 시대에 또 다른 한 사람에게 그 바통을 이어주는, 아름다운 모습을 볼 수 있다. 그 대표적인 예가 바로 엘리야와 엘리사, 사제지간인 두 사람에게서 나타난다. 이 장면에서 엘리사는 갑절의 영감을 구한다.

엘리야가 하나님께 갈 시기가 다 되어 갈 즈음까지도, 제자 엘리사는 엘리야를 좇는다. 이와 비슷한 예는 룻을 통해서도 볼 수 있다. 남편들이 모두 죽은 가문에 동서인 오르바는 자기 길을 갔지만, 룻은 죽는 한이 있어도 홀로된 시어머니를 따르겠다고 한 것이다. 그리고 룻은 끝까지 시어머니를 따라 간다. 하나님은 이런 룻을 불쌍히 여기셨다. 보아스를 만나게 하시고 그녀를 통해 다윗 자손의 태를 여셨다. 야곱을 보라. 아버지 이삭에게서 장자의 축복을 받은 후, 형님과 해결할 수 없는 문제에 직면한 그는 얍복 강가에서 천사와 씨름을 하면서까지 축복에 대한 집념을 보인다.

야곱, 룻, 엘리사로부터 우리가 배울 저력이란, 끈질긴 기도와 포기하지 않는 영적인 근성이다. 최근 나라 경제와 국제 문제 등으로 많은 사람들의 마음이 위축되는 것을 본다. 그러나 하나님의 사람들은 달라야 한다. 고래(古來)로부터 믿음의 사람들에게는 환란 중에서도 끝까지 포기하지 않는, 남다른 영적인 열망이 있었다. 소원이 있었다.

야곱, 룻, 엘리사로부터 우리가 배울 저력이란, 끈질긴 기도와 포기하지 않는 영적인 근성이다. 최근 나라 경제와 국제 문제 등으로 많은 사람들의 마음이 위축되는 것을 본다. 그러나 하나님의 사람들은 달라야 한다.

스승을 끝까지 좇으려는 엘리사에게 엘리야는 '어떻게 해줄까, 구해봐라' 고 한다. 예수님께서도 기적을 베푸시기 전에 반드시 물어보셨다. "내가 네게 무엇을 하여 주기를 원하느냐?", "내가 고칠 줄 믿느냐?" 하나님께서는 기적을 행하실 때 우리의 믿음을 달아보신다. 뻔히 있어야 할 것을 아시면서도 '구하여야 하리라' 고 하신다.

엘리사는 갑절의 영감을 구했다. 기도는 구체적으로 해야 한다. 예수님께서 이 땅에 계시면서 이적을 행하실 때도 은혜 받은 자들은 항상 그 간구가 구체적이었다. '부스러기라도 주소서, 보기를 원하나이다.' 항상 주님은 반응을 체크하고, 물어보신 후 답을 주신다. 하나님께서는 아브라함에게 복을 주실 때도 테스트를 하셨다.

그리고 답하셨다.

"내가 이제야 네가 하나님을 경외하는 줄을 아노라"(창 22:12).

엘리사가 갑절의 영감을 구하자 엘리야는 이같이 말한다.

"네가 어려운 일을 구하는 도다"(왕하 2:10).

기왕 기도하려거든 어려운 것을 구하라. 하나님을 당황하게 하라. 구약성경의 갈렙, 그가 왜 멋있는 사람인가? 갈렙은 여호수아와 함께 최고의 건국공신이었다. 그러나 그는 좋은 것, 큰 자리를 바라지 않았다. 그는 어려운 일을 택했다.

'산지를 내게 주소서'

믿음 찬 사람은 기도제목이 다르다. 어려운 것을 구하라.

"갑절의 영감을 달라"

(당신의 영감이 갑절이나 내게 있기를 구하나이다 – 왕하 2:9)

이 말은 '나를 당신의 후계자로 삼아 달라'는 것이다. 여기서 영감이라는 것은 감동, 영적인 센스를 말한다. 기도를 많이 하는 사람은 하나님께서 주신 답을 얻는다. 솔로몬은 일천번제를 드린 후 지혜를 얻었다.

어려운 기도를 하라. 거창한 기도를 하라. 거창고등학교 설립자 전영찬 교장은 졸업식 때마다 10가지 직업 고르는 원칙을 설명한다. 그는 하나같이 어려운 곳으로 찾아가라고 역설한다. 바울은 감옥에 있을 때, 자신의 신변을 위해 기도를 구한 적이 한 번도 없었다. 자기 건강, 자기 편의를 위해 기도하지 않았다. 오직 담대히 복음만을 전하게 해달라고 기도했다. 엘리사가 어려운 것을 구했듯이 어려운 것을 구하고, 복음과 함께 고난을 당할 것을 구하라.

엘리야는 승천하고 엘리사는 그 뒤를 이어 엘리야의 후계자가 되었다. 그 장면을 성경은 "홀연히 불수레와 불말들이 두 사람을 격하였다"고 묘사한다. 역사는 홀연히 이루어지는 것이다. 예행연습하고 인생을 사는 사람은 없다. 언제까지 곁에 도움을 주는 사람이 있는 것은 아니다. 갑자기, 홀연히, 나 혼자 서야할 상황이 온다. 그래서 갑절의 영감을 구해야 하는 것이다. 준비된 사람이 되어야 한다. 주님 나를 부르실 때 언제든지 '주여 내가 여기 있나이다.' 라고 말할 수 있어야 한다.

엘리야가 올라가는 것을 보고 '내 아버지여 내 아버지여 이스라엘의 병거와 마병이여' 라고 엘리사는 부르짖는다(왕하 13:14). 엘리야는 정말 대단한 사람이었다. 엘리야가 승천한 후 엘리사는 엘리야가 남기고 간 겉옷을 취한다. 그리고 그의 스승처럼 자기도 겉옷으로 요단 강물을 치고 건너간다. 좋은 것은 따라해야 한다. 최고의 창조는 최고의 모방에서 나온다. 엘리야의 몸에서 떨어진 겉옷이라도 들고 '엘리야의 하나님' 을 찾아 간구하였던 엘리사처럼, 경건의 모양이라도 갖추라. 기도를 하려는 폼이라도 잡아보라. 그러다 보면 실력이 나온다. 엘리사는 엘리야의 행동을 그대로 따라하면서 능력을 체험했다. 좋은 신앙의 모델을 보고 닮아가려고 애를 써보라.

이 시대가 얼마나 힘든지 모른다. 그러나 그럴수록 어려운 것을 구하라. 거창하게 기도하고 힘든 것을 기도하라. 갑절의 영감을 구하라. 그러면 홀연히 쓰임 받는 때가 올 것이요 그때를 감당할 수 있는 사람이 될 것이다. 壎

> 고래(古來)로부터 믿음의 사람들에게는 환란 중에서도 끝까지 포기하지 않는, 남다른 영적인 열망이 있었다. 소원이 있었다. … 엘리사는 갑절의 영감을 구했다. 기도는 구체적으로 해야 한다. 예수님께서 이 땅에 계시면서 이적을 행하실 때도 은혜 받은 자들은 항상 그 간구가 구체적이었다.

주인 닮은 정원

차이를 인정하고 대화하라

학습감각이 살아야 공동체가 산다

다양성과 일치

가르치는 자를 축복하신다

벌금의 일석삼조(一石三鳥)

구석진 사람을 역사의 주인공으로 만들라

케네디 가(家)와 언더우드 가(家)

네트워크 구축의 필요성

5

공동체와 커뮤니케이션 차이는 인정하고 본은 닮는다

주인 닮은 정원

형제들아 너희는 함께 나를 본받으라 또 우리로 본을 삼은 것 같이
그대로 행하는 자들을 보이라(빌 3:17).

이른 봄 골목길을 지나다가 어느 집의 잘 가꾸어진 정원을 봤다. 목련꽃이 온 겨울을 기다렸다가 활짝 피어 있었다. 그리 넓다고는 할 수 없지만 구석구석 주인의 정성이 바로 새겨져 있음이 역력히 표가 났다. 지난 가을철에 주렁주렁 열렸을 대추나무는 길 가는 나그네들을 유혹할 만큼 탐스러웠을 것이다.

짜임새가 어느 집보다 돋보였다. 정원수가 제대로 자리 잡기까지는 여러 해 동안 주인의 손길이 있어야 했을 것이다. 세월 속에서 적당하게 자란 나무와 꽃! 철따라 잘 배치된 꽃나무와 낙엽수! 사시사철 꽃과 나뭇잎이 조화를 이루도록 배열되어 있었다. 그 정원을 보면서 집 주인의 철학과 생활자세를 본 듯했다.

봄철 밤 가로등 불빛에 화려하게 피어있는 목련꽃은 눈부시다 못해 눈이 시릴 정도로 고독한 멋을 풍긴다. 주인뿐만 아니라 길가는 나그네들에게도 가슴 가득한 봄 내음을 안겨준다.

꽃보다 아름다운 것이 사람이라고 했던가! 정원을 보면 주인을 알 수 있고, 모든 정원은 주인을 닮고 주인의 사랑의 손길로 자란다.

교회는 목사를 닮는다. 교인들은 목사를 빼닮는다. 조용한 목사, 젊은 목사, 적극적이고 활동적인 목사, 신사적인 목사 … . 어느 분야에 깊은 관심이나 취향이 있으면 교인들도 따라서 그렇게 변해간다. 서로가 오랫동안 바라보고 기도하며, 성도와 교제를 나누니 닮을 수밖에 없다. 서로를 닮아간다는 것은 아름다운 모습이기도 하지만 부정적으로 빼닮을 때는 끔찍한 일이 된다. 좋은 교회는 좋은 성도들이 만든다.

큰 바위 얼굴 이야기처럼 늘 바라보고 기대하다 보면 어느 날 '소년' 이 '큰 바위 얼굴' 의 어른이 되어 있으리라. 아들은 아버지의 그림자를 밟고 자란다. 자식은 부모의 복사본이다. 부부도 닮고, 교인과 목사도 닮고, 구역원과 구역장도 닮는다.

큰 바위 얼굴 이야기처럼 늘 바라보고 기대하다 보면 어느 날 '소년' 이 '큰 바위 얼굴' 의 어른이 되어 있으리라. 아들은 아버지의 그림자를 밟고 자란다. 자식은 부모의 복사본이다. 부부도 닮고, 교인과 목사도 닮고, 구역원과 구역장도 닮는다. 강아지도 주인을 닮아서 주인이 잠이 많으면 강아지도 잘 잔다. 정원 역시 물을 주고 잡초를 뽑아주고 가꾼 대로 어우러진다. 목사의 영성을 따라 교인들도 변해간다. 목사의 강조점을 따라 교인들도 생활중심이 이동한다.

정원은 그 주인의 마음 밭이다. 정원의 나무나 꽃은 주인의 사랑과 관심의 손길만큼 예뻐진다. 나는 교인들에게 자주 '3뻐'를 강조한다. 크리스천은 항상 '기뻐'해야 한다고 하고, 분위기가 향기롭고 '예뻐'야 한다고 한다. 또 부지런하게 '바뻐'야 한다는 것이 그것이다.

교회도 잘 단장되고 아름답게 꾸며진 교회가 부흥된다. 그만큼 이미지가 좋고 처음 오는 사람들에게 즐거움과 정성을 보여주기 때문일 것이다.

사랑도 가꾸는 만큼 자란다. 아름다운 목련 한 그루가 온 정원을 화사하게 만들고, 꽃샘추위가 있는 봄밤을 넉넉하게 지킨다. 주인은 이 맛에 사시사철을 기다리며 그 나무를 가꾸었으리라. 며칠간의 화려한 꽃은 그렇게 긴 겨울의 고독을 충분히 상쇄시키는 것이다. 壎

정원은 물을 주고 잡초를 뽑아주고 가꾼 대로 어우러진다. 목사의 영성을 따라 교인들도 변해간다. 목사의 강조점을 따라 교인들도 생활중심이 이동한다.

차이를 인정하고 대화하라

사랑할 때가 있고 미워할 때가 있으며 전쟁할 때가 있고 평화할 때가 있느니라
일하는 자가 그 수고로 말미암아 무슨 이익이 있으랴 하나님이 인생들에게
노고를 주사 애쓰게 하신 것을 내가 보았노라 (전3:8-10).

한때 미국 9.11테러 사건을 계기로 하버드 대학 교수인 새뮤얼 헌팅턴의 '문명충돌론'이 새롭게 부각된 적이 있다. 그는 세계적으로 화제를 부른 책 『문명의 충돌』에서 이제 식민지와 이념의 시대는 가고 문명 충돌의 시대가 도래한다고 주장했다. 그의 말처럼 문명이 충돌하는 현상까지는 아니더라도 한 국가나 사회 속에서도 문화를 둘러싼 갈등과 긴장은 간혹 문제가 되고 있다. 이를 "문화 전쟁"이라고 부른다.

미국에서도 백인과 흑인의 갈등, 20세기 초반부터는 백인이면서 앵글로색슨족인 개신교도, 이른바 와스프(WASP)의 주류 문화가 비교적 늦게 이민한 남부 유럽인(주로 가톨릭교도)과 유대인, 흑인 등 소수 민족의 문화와 갈등을 빚었다.

세계적으로도 다른 문화권이나 문명에 비해 유독 서구 기독교 문명과 중동을 중심으로 한 이슬람 문명의 갈등이 가장 심각하다. 특히 이스라엘을 매개로 이 두 문명권은 충돌할 가능성이 다분하다. 마치 부부가 부모님이나 아이를 놓고 싸움을 하듯이 공통분모가 있

으면서도 대립 각이 날카롭다. 새뮤얼 헌팅턴 교수는 "미국 테러 사태는 문명 충돌이 아니라 "야만인들의 비열한 공격일 뿐이지만 서방 세계가 보복 전쟁을 하면서 이슬람 세력과 연대하지 못하면 실제로 문명 충돌을 야기할 수 있다."고 경고했다. 마치 남녀의 성격이나 생활 방식의 차이로 시작된 갈등과 분쟁이 시댁이나 처가, 친구들이 개입되면서 필요 이상으로 확대되듯이 말이다.

> 다른 문화권이나 문명에 비해 유독 서구 기독교 문명과 중동을 중심으로 한 이슬람 문명의 갈등이 가장 심각하다. … 마치 부부가 부모님이나 아이를 놓고 싸움을 하듯이 공통분모가 있으면서도 대립 각이 날카롭다.

부부는 일심동체라고 하지만 남자와 여자는 많은 차이점을 가지고 있다. 오죽했으면 "화성에서 온 남자 금성에서 온 여자"라고 했을까? 그만큼 성장 과정이나 성격, 기질, 취미, 친구가 다르다. 이 차이를 이해하고 수용하지 않고 고치려고만 하거나 일방적으로 나를 따르라고 강요하면 긴장과 갈등이 조성될 뿐이다. 심하면 이 싸움이 자칫 온 집안으로 확산되기도 한다.

얼마 전 대형 차량 충돌 사건의 관계자들로부터 그 사건의 원인 중 하나가 운전자가 전날 밤 부부 싸움을 했기 때문이라는 얘기를 들었다. 수면 부족과 심리적인 불안 상태에 놓여 있었기 때문에 그 일이 터질 수밖에 없었다는 얘기다. 사소한 남녀의 차이가 부부 싸움으로, 그것이 가정 전체와 사회로 확산된 것이다.

명절 이후에 이혼이 많은 이유도 그렇다. 함께 며칠을 지내면서 분명한 차이와 갈등, 이해 부족, 대화 부족으로 문제가 해결이 안 되고 갈등이 해소가 안 되면 더 이상 견딜 수가 없어 가정이 해체되는 단계로 나아가는 것이다. 평소에 대화가 안 되니 점차 갈등과 반복이 심화되는 것이다. 가정에서 부부간의 충돌, 교회 안에서 교인들 간의 충돌, 직장에서 동료들과의 충돌, 그래서 세상은 전쟁터와 같이 미움과 갈등, 파괴와 공포가 있는 것이다.

미국이 워낙 힘이 강하여 군사력이 약한 국가나 집단이 정상적인 방법으로는 자신의 주장을 관철시킬 수 없으니까 비정상적인 방법을 사용한다. 상상력이 풍부한 할리우드의 시나리오 작가들조차 생각하지 못했던 끔찍한 방법의 충돌을 우리는 바로 5년 전 9.11테러를 통해 '관람' 했다. 세계는 앞으로도 더 새로운 형태의 전쟁을 치러야 할 것이다. 핵무기, 생화학 무기는 또 다른 공포의 전쟁이요, 심각한 위협이다.

상대 문명에 대한 무지와 편견에서 일어나는 이러한 충돌을 막는 대안은 평소 대화를 통해 차이점을 인정하고 상호 이해를 통해 공통분모를 넓혀가는 것이다. 거창하게 세계 평화와 인류 공존을 외치기보다 우리 삶의 주변에서 너무나 쉽게 일어나는 갈등과 충돌을 해소할 수 있어야 한다.

대전침례신대학교의 정동섭 교수는 「남녀의 차이」에 대한 연구로 박사학위를 취득했다. 그는 논문을 통해 부부간의 차이도 서로 이해하고 더 많은 대화와 정보를 통해서 갈등과 충돌을 사전에 예방하는 것이 중요하다고 주장한다.

교회 안에는 더 큰 대립과 충돌이 있다. 우리는 이것을 해결할 영적 리더십과 지혜가 더욱 필요한 시대를 살아가고 있다. 진리는 파수해야 하지만, 많은 부분에서 우리는 대화가 가능한 인격 구조를 갖추고 이해하고 수용하는 자세를 갖추어야 한다. 그때에 이 충돌의 세계를 건널 수 있을 것이다. 壎

상대 문명(차이)에 대한 무지와 편견에서 일어나는 이러한 충돌을 막는 대안은 평소 대화를 통해 차이점을 인정하고 상호 이해를 통해 공통분모를 넓혀가는 것이다.

학습 감각이 살아야 공동체가 산다

너희는 이 땅 거민과 언약을 세우지 말며 그들의 단을 헐라 하였거늘 너희가 내 목소리를 청종치 아니하였도다 그리함은 어찜이뇨 그러므로 내가 또 말하기를 내가 그들을 너희 앞에서 쫓아내지 아니하리니 그들이 너희 옆구리에 가시가 될 것이며 그들의 신들이 너희에게 올무가 되리라 하였노라(삿 2:2-3).

실패가 계속 반복되는 데에도 교훈을 얻지 못하는 나라나 기관 또는 개인은 미련하고도 불쌍하다. 이스라엘의 사사시대에는 '축복-교만-범죄-심판-회개-회복'의 주기가 일곱 번이나 반복될 만큼 암담한 시대였다. 그렇게 거듭되는 실패는 오늘날의 교회나 단체에서도 흔하게 발견된다. 어떤 교회 장로님과의 대화 중에 기억나는 애기가 있다. 반세기 역사가 넘는 교회인데도 부흥이 없는 이유를, 장로님은 10년 주기로 이상할 만큼 반복적인 시험과 갈등을 들었다. 주기적이고 반복적인 시험은 결국 교회가 정체에 빠지게 한다는 이야기였다.

한국은 사회의 각 부분에서 과거에 경험했던 실패 사례를 곧 잊어버리고 다시 반복하는 경우가 계속 발생하는, '교훈 불감증'에 빠져 있어 학습 능력을 향상시킬 필요가 있다는 지적이 있다. 삼성경제연구소는 최근에 「학습 국가를 향한 실천 과제」라는 보고서를 냈다. 요지는 한국은 실패가 반복되는데도 교훈을 얻지 못하는 나라이며, 국민 개개인과 사회 전체의 학습 능력을 향상시켜야 한다는 제안이다.

한국 사람의 성정은 대체로 큰일이 생기면 냄비처럼 빨리 뜨거워졌다가 쉽게 식어버린다. 위기를 맞으면 전력을 다해 대처하다가 형편이 약간 나아지면 나태해진다. 그리고 시간이 지나면 다시 똑같은 난관에 빠진 적이 허다하다. 정권 말기의 레임덕 현상, 권력가의 친인척 비리, 부동산 투기, 입시 전쟁, 수해 문제 등의 유사한 문제가 반복되고 있지만 대책의 실효성은 적고, 지도층은 과거의 구태를 되풀이하고 있다.

> 사사시대에는 10여 명의 사사들이 교체되면서 반복적인 실태를 일곱 번이나 되풀이했다. 이것은, 역사의 반복에도 불구하고 하나님의 말씀을 잊어버리는 교훈 불감증 탓이다.

엄청난 피해를 당한 수해에서도 당국의 학습 불감증을 확인할 수 있다. 수해는 매년 반복되는 연례행사이다. 그때마다 당국은 다시는 이런 비극이 없도록 만전의 대비를 하겠다고 법석을 떨지만 같은 유형의 수재는 끊이지 않고 있다. 거기에는 천재(天災)만이 아니라 상당 부분 인재가 개입되어 있다는 점을 부인할 수 없다.

선거가 있거나 정권이 바뀔 때마다 위정자들은 국민 앞에 여러 가지 약속을 하고 개혁 방안 등을 내놓는다. 그러나 일을 해나가는 중에 어려움이 생기고 부작용이 나타나면 마무리를 못하고 중도에 흐지부지하고 만다. 그리고 실패 이후에 반성과 분석에 근거한 시스템 혁신에 나서지 않고, 개인 처벌, 미봉책 제시, 상황 호전에 주로 의존해 왔다. 문민정부와 국민의 정부는 각각 집권 말기의 친인척 비리, 후계 구도를 둘러싼 혼란으로 정국의 혼선을 초래했으며, 88 올림픽 이후 국가 이미지 재고의 기회를 정치 혼란으로 상실했듯이 월드컵 4강 진출 이후에도 같은 행태를 반복했다. 이러한 현상은 위기에 대처하다가 형편이 조금 나아지면 나태해져 만족하고 마는 '위기-대응-호전-만족' 의 악순환이라고 진단했다.

> 사람이 망하기 전에는 흔히 교만해진다. 신앙이 좋든지, 실력이 있든지, 아니면 상식이라도 있다면 최소한의 자리는 보전할 수가 있지만 오만함과 불감증은 자기와 공동체를 함께 불행하게 만든다.

신앙 세계에 있어서도 이런 교훈 불감증을 성경 역사에서 쉽게 찾아볼 수가 있다. 사사시대에는 10여 명의 사사들이 교체되면서 반복적인 실태를 일곱 번이나 되풀이했다. 이것은, 역사의 반복에도 불구하고 하나님의 말씀을 잊어버리는 교훈 불감증 탓이다. 엘리는 죽을 때에 비둔한 연고였다고 기록되어 있다(삼상 4:18). 영육간에 비만과 불감증이 불행을 초래했다는 것이다.

사람이 망하기 전에는 흔히 교만해진다. 신앙이 좋든지, 실력이 있든지, 아니면 상식이라도 있다면 최소한의 자리는 보전할 수가 있지만 오만함과 불감증은 자기와 공동체를 함께 불행하게 만든다. 개인이나 기관이 처음의 본질과 순수함을 잃어버리고 점점 제도화

되어갈수록 주기적이고, 반복적인 실패를 되풀이하면서도 깨닫고 돌이키지 못한다면 참으로 미련하고 아둔한 일이다. 반복적인 실패의 질긴 사슬을 끊고 건강한 감각이 살아있는 영성과 기관이 되어야겠다. 壎

다양성과 일치

이러므로 너희가 더욱 힘써 너희 믿음에 덕을, 덕에 지식을, 지식에 절제를,
절제에 인내를, 인내에 경건을, 경건에 형제 우애를, 형제 우애에
사랑을 공급하라(벧후 1:5-7).

단일민족, 백의민족이 자랑스럽기도 하지만 배타적이고 수용성이 부족한 부분에서는 아쉬운 점이기도 하다. 복잡한 사회를 살아가면서 나와 다른 것을 이해하고, 수용하는 것이 얼마나 필요한지 모른다. 중국에 50여 개의 소수민족이 있지만 그들은 하나 된 중국 대륙을 이루고 산다. 미국은 다민족 국가이면서도 미합중국이라는 강력한 한 국가를 이루고 있다. 다일공동체는 다양성 속에서 일치를 추구하기 위해 만들어졌다고 한다.

부부간의 싸움도 남자와 여자의 차이를 이해하지 못할 때 일어나기 쉽다. 하나님께서는 남자와 여자를 다르게 창조하셨다. 그러나 그 차이는 불편하기보다도 상호 보완적인 기능을 가지고 있다. 차이를 불편하게 여길 때는 문제가 되지만 감사함으로 받을 때는 다양함과 풍성함이 되는 것이다. 크리스천은 진리를 파수하고, 생활의 순결을 주장하다보니 자칫 배타적이고 분리적으로 나가기가 쉽다. 믿음이 좋다는 사람들이 오히려 대화가 안 되고, 독선적이고, 자기중심적이기 쉬운 이유도 이런 연유에서가 아닐까 한다.

그래서 성경은 믿음 후에 덕이 없으면 안 된다고 말한다. 베드

로는 베드로후서 1장에서 '믿음에 덕을, 덕에 지식을, 지식에 절제를, 절제에 인내를, 인내에 경건을 그리고 형제우애와 사랑을' 신의 성품에 참여하는 자의 성품으로 규정하고 있다.

바라는 배필은 요구하고, 비교하고, 비판하기 쉽지만 돕는 배필은 사랑하며 섬기기를 힘쓰니 그 마음의 방향이 이미 다른 것이다. 자기밖에 모르는 사람, 나뿐인 사람이 나쁜 사람이고, 조화로운 사람이 좋은 사람이라고 하지 않는가. 수용성이 있어야 한다. 그러기 위해서는 타인을 인정하고, 차이를 인정하는 것이 필요하다. 다른 사람 속에 있는 독특한 은사와 기질을 이해하면, 갈등관계가 아니라 원만한 인간관계를 가질 수 있다.

> 하나님께서는 남자와 여자를 다르게 창조하셨다. 그러나 그 차이는 불편하기보다도 상호 보완적인 기능을 가지고 있다. … 차이를 불편하게 여길 때는 문제가 되지만 감사함으로 받을 때는 다양함과 풍성함이 된다.

신문이나 잡지를 보면서 신선한 느낌이 들 때가 있다. 나와 전혀 관계가 없는 미지의 세계에 대해서 전문적이고도 세밀한 견해를 피력하면서 인생과 사랑, 삶의 원리를 설명하는 글을 읽을 때가 그렇다. 작은 창을 통해서도 세상을 볼 수 있다. 접할 수 있는 채널을 통해 다양한 삶을 대하면서 세상을 본다. 반면에 한 분야에서 인정받던 사람이 생소한 분야로 진출했다가 패가망신한 사례도 본다. 목회는 잘하는데 행정에 실패하고, 의사로서 탁월했는데 경영에는 곤욕을 치루고 운동은 잘 했는데 가정은 엉망이고…….

자기의 전문성도 과소평가하지 말고, 남들의 영역도 소중히 여길 줄 알아야 한다. 우리 몸은 여러 지체(肢體)가 있지만 한 몸이다. 바다가 좋은 것은 수많은 지류의 물들을 다 받아들이기 때문이다. 그러면서도 특유의 파란 색깔과 짠맛을 잃지 않는다. 개성을 잃지 않으면서도 형제가 연합할 줄 아는 능력이 필요하다. 壎

바다가 좋은 것은 수많은 지류의 물들을 다 받아들이기 때문이다. 그러면서도 특유의 파란 색깔과 짠맛을 잃지 않는다. 개성을 잃지 않으면서도 형제가 연합할 줄 아는 능력이 필요하다.

가르치는 자를 축복하신다

내가 이 복음을 위하여 반포자와 사도와 교사로 세우심을 입었노라 이를 인하여 내가 또 이 고난을 받되 부끄러워하지 아니함은 나의 의뢰한 자를 내가 알고 또한 나의 의탁한 것을 그 날까지 저가 능히 지키실 줄을 확신함이라(딤후 1:11-12).

제자 훈련이나 자녀 교육에 성공한 사람이 많지 않다. 예수님 제자 가룟 유다, 첫 번째 사람 아담, 성군 다윗, 자녀 교육의 지혜를 일러준 솔로몬, 선지자 사무엘 등 성경 속 위대한 인물이라도 자녀 교육에 성공한 이들을 찾아보기는 쉽지 않다.

그런데 왜 하나님은 우리에게 선배로서, 부모로서, 교사로서 교육을 맡기셨을까? 예수님은 모든 제자들로부터 배신당하고 결국 십자가의 고통과 수치를 혼자만의 몫으로 감당하셨다. 제자들이 도망가고 배신할 것을 이미 아셨지만 예수님은 12명의 제자를 데리고 다니시며 같이 먹고 같이 자며 교육하셨다. 그것도 얼마나 깨닫기 쉽도록 풀어 가르쳐 주셨는가?

솔로몬도 자기 삶의 과정 속에서 겪어온 시행착오의 점검과 하나님으로부터 받은 지혜를 다 동원하여 몇 천 년이 지난 지금 보아도 훌륭한 지혜서인 잠언을 쓰지 않았는가? 그러나 그의 아들은 그 가르침과 훈계의 말씀을 참으로 무색게 만드는 삶을 살았다.

창세 이후 역사를 따라 살아온 인물들의 대다수가 자녀 교육에 실패했다고 해도 과언이 아니다. 그런데 왜 주님은 우리를 전도자로, 가르치는 자로, 교사로 세우실까? 거기에 놀라운 비밀과 하나님의 은총이 있다. 바로 전하는 자, 가르치는 자, 교육시키는 자를 복 주시기 위해서이다.

창세 이후 역사를 따라 살아온 인물들의 대다수가 자녀 교육에 실패했다고 해도 과언이 아니다. 그런데 왜 주님은 우리를 전도자로, 가르치는 자로, 교사로 세우실까? 거기에 놀라운 비밀과 하나님의 은총이 있다. 바로 전하는 자, 가르치는 자, 교육시키는 자를 복 주시기 위해서이다.

가르치는 것은 나의 몫이고, 사람을 만들고 인물을 만드는 것은 하나님의 몫이다. 우리는 우리에게 주어진 본분만 감당하면 된다. 일찍부터 선지 학교를 만들어 선지생도를 양육하였던 사무엘도 훌륭하게 교육했지만 사무엘 이후로 그만한 인물은 나오지 않았다. 그렇다면 사무엘은 좋은 교육 환경에서 훌륭한 교육을 받고 자랐는가? 아니다. 구약에서도 가장 어두운 사사시대에 영적으로 둔감하고 비둔했던 엘리 밑에서 자랐다. 그러나 그는 얼마나 영적이며 훌륭한 선지자이며 지도자였던가? 선지생도를 길러낸 그는 축복 받은 사람이 되었다.

또 많은 선지생도를 양육한 엘리사도 영감 있는 축복의 사람으로 기록되어 있다. 사도 바울도 많은 지식을 동원하여 수많은 서신

(書信)들을 보내면서 믿음에 장성치 못한 사람들을 위로하며 훈계하며 가르쳤다.

교육을 통해 사람을 완전히 변화시킬 수 있다면 아마 지금쯤 이 세상은 천국이 되어 있어야 할 것이다. 결국은 사람이 어떤 교육을 받았느냐, 어떤 스승을 두었느냐 보다 중요한 것은 하나님께서 들어 쓰시는 자인가, 그냥 유기된 자인가, 아니면 들어 쓰시기 위한 인물을 위해 필요한 부수적인 존재인가이다.

큰 인물은 하나님이 만드신다. '큰 배움'(大學)은 모세나 세례 요한처럼 하나님의 광야에서 이루어진다. 그러니 배움의 길에 있는 학도들은 학교나 스승을 원망치 말고 하나님의 눈에 뜨일 수 있게 기도로 준비하고 현실에서 최선을 다하는 것이 슬기다. 결국 잘 가르치는 자가 잘 배우는 자이다. 누구나가 지도자적인 안목을 가지고 준비를 해야 할 것이다. 그래서 준비된 자를 통해 주께서 쓰실 때 역사가 일어난다.

> 가르치는 것은 나의 몫이고, 사람을 만들고 인물을 만드는 것은 하나님의 몫이다. … 교육을 통해 사람을 완전히 변화시킬 수 있다면 아마 지금쯤 이 세상은 천국이 되어 있어야 할 것이다. … 우리가 구원을 받을 수 있는 기회는 이 땅에 있을 때, 우리 영혼이 육체 속에 있을 때에만 가능하듯 하나님 나라의 상급을 예비할 수 있는 기회도 육체를 가지고 있을 때에만 가능하다.

우리가 구원을 받을 수 있는 기회는 이 땅에 있을 때, 우리 영혼이 육체 속에 있을 때에만 가능하듯 하나님 나라의 상급을 예비할 수 있는 기회도 마찬가지로 육체를 가지고 있을 때에만 가능하다. 사람들은 좀더 나은 삶을 위해 많은 노력과 수고를 아끼지 않는다. 천국에서 영원토록 사는 삶을 준비해야 하는데, 그것은 그 세상에서는 준비할 수 없는 일이다. 이 땅에서 육체 속에 우리의 영혼이 존재해 있을 때에만 주어지는 기회이니 힘을 다하여 가르치며 마음을 다하여 전해야 할 것이다. 壎

벌금의 일석삼조(一石三鳥)

너희는 여호와를 영원히 의뢰하라 주 여호와는
영원한 반석이심이로다(사 26:4).

교회에서 성경 공부반을 인도하면서 재미있는 현상을 발견하게 되었다. 분위기를 느슨하게 하고 학생들의 여론을 수렴해서 휴강을 자주하고 지각을 하든 안 하든, 결석을 하든 안 하든 견책을 소홀히 하게 되면 그 반은 시간이 지나면서 분명히 해체 내지는 패잔병 같은 분위기로 전락하게 된다.

반면에 엄격한 규율을 세워 놓고 휴가철이든 명절이든, 학생이 적든지 많든지 성경 공부는 양보하지 않고 진도를 나가고 출결 관리도 단호하게 해서 지각과 결석생에게는 벌금을 부과하고 지나치면 제적도 불사할 만큼 분명한 교육을 해보면 이내 호랑이 군단 같은 강군을 얻게 된다. 특별히 소그룹 훈련에서는 벌금의 효과가 만만찮다.

사람은 누구나 벌금을 좋아하지 않는다. 그렇기 때문에 이 벌금 제도를 큰 부담이 안 되는 범위 내에서 잘 활용하면 의외의 효과를 얻는다. 세상에서 제일 분명한 원칙 중의 하나는 '공짜는 없다'는 사실이다. 무엇이든지 소중한 것은 대가를 지불해야 얻을 수 있다. 그것을 기억해야 한다. 원칙과 벌칙이 없는 모임은 결속력이 허술해져서 많은 경우 교육 효과가 반감된다.

지각이나 결석이 많을 때에 벌금을 부과해 보라. 지각벌금 500원을 물지 않으려고 택시비 5,000원을 들여서 달려오는 사람도 있다. 벌금이 문제가 아니라 사람이 훈련되고 모임의 긴장도가 높아져서 탄탄한 그룹이 된다.

원칙과 벌칙이 없는 모임은 결속력이 허술해져서 많은 경우 교육 효과가 반감된다. … 지각이나 결석이 많을 때에 벌금을 부과해 보라.

부산 D고등학교 학생들의 이야기를 들었다. 신학기 시작 때부터 지각한 학생들로부터 1,000원씩 거둔 벌금을 모으니 그 금액이 제법 나왔나보다. 추석 즈음에 형편이 어려운 급우와 양로원 등에 전달했다는 얘기다. 학생들은 3월 신학기 시작 직후 "다 함께 면학에 힘쓰자"는 주제로 학급 회의를 열고 지각을 하거나 면학 분위기를 해칠 경우에 1,000원씩 벌금을 내기로 결정했었다고 한다.

모인 돈이 어느덧 70만 원에 이르자 적지 않은 이 돈을 어디에 쓸 것인가 고민하던 학생들은 비록 벌금으로 모은 돈이지만 좋은 일에 사용하기로 뜻을 모으고 어려운 처지에 있는 급우와 이웃을 돕기로 한 것이다. 학생들은 우선 적립금 중에서 10만 원을 떼내어 부모 없는 어려운 처지에서 공부하는 급우에게 전달을 했다. 나머지 60만 원은 동래구 온천 2동에 있는 노인 요양 시설에 제공하기로 결정했다.

스스로 정한 벌금 규정으로 면학 분위기도 조성하고, 이웃도 돕고, 지각 버릇도 고쳐지고 이거야말로 일석삼조가 아니고 무엇인가? 무엇보다 삶의 방식이 바뀌고 사고방식이 변화되어 얼마나 감사한 일인가? 마음이 가는 곳에 물질이 가는 것이 아니라 물질이 쓰이는 곳엔 틀림없이 마음이 쓰인다.

어느 목사님은 매일 영어 성경을 다섯 장씩 읽지 못하고, 개인 기도 시간을 2시간씩 갖지 못하면 3만 원씩 벌금을 내겠다는 스스로와의 약속을 했다고 한다. 자기 관리도 되고, 세월이 흐르니 그 벌금도 저금통에서 제법 많이 모아지게 되어 어느 날인가는 어려운 개척 교회 전도사님에게 전달했다고 한다.

서울의 어느 신학대학원에서 교실 구석에 접시를 놓고 벌금을 모아서 필요한 사람은 누구든지 가져가게 하는 것을 보았다. 작은 일이지만 공짜는 없고 대가를 치러야 된다는 의식을 망각하지 않게 한다는 데에 벌금의 의미가 있다 하겠다. 또 비록 약속을 어긴 대가(벌금)로 모은 것이지만 그 물질마저 귀하게 쓰인다면 그 나름의 보람도 있을 것이다. 삶의 성숙을 위해 자신과의 약속을 세우자. 그리고 벌금이 줄어들도록 자신과의 약속에도 힘써 지켜보자. 壎

지각벌금 500원을 물지 않으려고 택시비 5,000원을 들여서 달려오는 사람도 있다. 벌금이 문제가 아니라 사람이 훈련되고 모임의 긴장도가 높아져서 탄탄한 그룹이 된다.

구석진 사람을 역사의 주인공으로 만들라

그들이 와서 시온의 높은 곳에서 찬송하며 여호와의 은사 곧 곡식과 새 포도주와 기름과 어린 양의 떼와 소의 떼에 모일 것이라 그 심령은 물댄 동산 같겠고 다시는 근심이 없으리로다 할찌어다(렘 31:12).

시험 문제를 풀다보면 답을 모르는 것을 떠나서 어디서 출제되었는지조차 모르는 경우가 있다. 시험을 마치고 여러 명이 책 한 권을 붙잡고 겨우 찾다보면 출제지는 구석진 곳, 아무도 안 쳐다볼 것 같은 곳, 사진 밑에 깨알 만한 글씨로 적혀 있는 곳이다. 더욱 기가 막힌 것은 그 답을 맞추는 사람이 있다는 것이다.

구석구석을 살펴보면 재미난 것이 많다. 아는 것도 전혀 새롭게 보이고 모르는 것은 더욱 새롭게 보이기 때문이다. 예수님은 구석구석 살펴보기의 대가(大家)셨다. 오실 때부터 베들레헴의 마구간 구석에서 태어나셨고, 서른이 될 때까지 집구석(?)에서 집안 일을 도우셨다. 그 후 사역을 시작하시면서 이스라엘을 구석구석 찾아다니기 시작하셨다. 제자들을 구석구석에서 찾아내셨을 뿐만 아니라 선한 목자가 되셔서 양을 아시되 한 명 한 명 구석구석 모르는 것이 없으셨다.

누군가 나에게 관심을 갖고 있다는 것만큼 기분 좋은 일이 있겠는가? 누군가 자신의 감정과 생각을 나누어 가지는 것만큼 즐거운 일이 없을 것이다. 나의 확인과 타인의 인정이 어우러질 때의 느낌을 상상할 수 있는가?

먼저 자신인 나부터 구석구석 살펴보자. 먼지만 찾아내지 말고, 예수님이 발견하여 주신 멋진 점(은사)들로 나를 업그레이드 시켜보자. 이런 여유로운 마음으로 다른 사람들도 구석구석 살펴보자. 교회와 단체에서 구석구석 숨어 있는 진주들을 캐내어서 은사를 불일 듯하게 하면 그것만큼 아름다운 일이 있을까.

잠자는 영혼을 일깨우고 묻어둔 은사를 개발하고 구석진 사람을 역사의 주인공으로 만들어내는 데에 자신부터 한 몫 하는 사람이 되었으면 한다. 壎

> 예수님은 구석구석 살펴보기의 대가(大家)셨다. … 제자들을 구석구석에서 찾아내셨을 뿐만 아니라 선한 목자가 되셔서 양을 아시되 한 명 한 명 구석구석 모르는 것이 없으셨다.

케네디 가(家)와 언더우드 가(家)

그런즉 너는 알라 오직 네 하나님 여호와는 하나님이시요 신실하신 하나님이시라
그를 사랑하고 그 계명을 지키는 자에게는 천대까지 그 언약을 이행하시며
인애를 베푸시되(신 7:9).

조간신문을 보면서 야릇한 흥분을 느낀 적이 있다. 국제면 전면을 뒤덮은 경비행기 추락 사고로 인해 케네디 가문이 사실상 대가 끊어졌다는 기사가 실렸었다. 몇 장을 넘기니 거기에는 4대에 걸친 언더우드 집안의 한국 사랑에 대한 기사가 지면 한 페이지를 장식하고 있었다. 너무나 큰 대조를 이루는 두 가지를 통해 충격과 감동을 받았던 기억이 새롭다.

긴급 뉴스로 등장한 케네디 2세의 비행기 추락 사고는, 계속되는 케네디 가문의 비운을 떠올리게 만들면서 안타까움을 주었다. 케네디 가(家)는 미국에서 첫 번째로 꼽히는 정치 명문가이지만 구성원들은 두 차례 피살과 각종 사고로 인한 요절, 스캔들로 얼룩져 있다.

미국의 제35대 대통령 존 F. 케네디는 지난 1963년 텍사스 주 댈러스에서 암살당했다. 그 충격이 채 가시기도 전인 1968년 6월 민주당 대통령 후보 지명을 위한 예비 선거 운동에 나섰던 그의 동생 로버트 케네디가 로스앤젤레스에서 암살당했다. 케네디 전 대통령의 형제 자매 9남매 가운데 이렇게 두 명이 암살 당하고 두 명이 비행기 사고로 숨졌으며 한 명은 정상적인 생활을 하지 못하고 있다.

케네디 가의 비운은 후대에도 이어져 케네디 대통령 차남은 아버지 암살 3개월 전에 조산아로 태어나 생후 3일 만에 숨졌고, 이번 사고로 장남을 포함해 케네디 대통령 슬하의 남자는 모두 숨지게 되었다.

언더우드 목사는 미국 북장로회 선교부에서 한국의 초대 선교사로 임명되어 1885년 부활절 아침에 한국 땅을 밟은 이후로 1886년 한국에 첫 고아원을 세웠다. 이어 고아 학교를 창설했는데 이 학교가 후에 경신학교로 발전했다.

이 가슴 아픈 기사를 보다가 선교 면을 보다가 언더우드 목사 출생 140주년 및 이장 기념 예배 기사를 보았다. 서울 외국인묘지공원 내 외국인 교회에서 성대히 거행된 이 예배는 많은 감동과 교훈을 주었다.

언더우드 목사는 미국 북장로회 선교부에서 한국의 초대 선교사로 임명되어 1885년 부활절 아침에 한국 땅을 밟은 이후로 1886년 한국에 첫 고아원을 세웠다. 이어 고아 학교를 창설했는데 이 학교가 후에 경신학교로 발전했다. 그는 또 연세대학교의 전신인 연희전문학교와 한국장로교회의 모교회인 새문안교회 그리고 현 대한기독교서회의 뿌리인 조선선교서회를 세웠다. 그 외에 《그리스도신문》을 창간하는 등 31년 동안 한국을 위해 전도와 교육 문서 선교 등 다방면에 걸친 봉사 활동으로 일생을 바쳤다.

언더우드는 연세대학교에 세워진 동상의 글귀대로 진정 "하나님의 사자로 우리나라에 와서 그리스도의 제자로 살다가 한국인의 친구가 된 사람"이다. 그의 한국 사랑은 그의 사후 80여 년 동안 그의 후손인 원한경, 원일한, 원한광을 통해 4대에 걸쳐 다양한 교육 및 봉사 활동으로 이 땅에 뿌리를 내렸다. 또한 그가 뿌린 믿음의 씨앗은 오늘날 여러 곳에서 훌륭한 기독인들을 배출하고 있다.

서울 양화진에 있는 외국인 묘소를 한번 둘러보면 잔잔한 감동이 있고 자녀들에게 귀한 역사 교육이 될 것이다. 壎

그는 또 연세대학교의 전신인 연희전문학교와 한국장로교회의 모교회인 새문안교회 그리고 현 대한기독교서회의 뿌리인 조선선교서회를 세웠다.

네트워크 구축의 필요성

형제가 연합하여 동거함이 어찌 그리 선하고 아름다운고 머리에 있는 보배로운
기름이 수염 곧 아론의 수염에 흘러서 그 옷깃까지 내림 같고 헐몬의 이슬이
시온의 산들에 내림 같도다 거기서 여호와께서 복을 명하셨나니
곧 영생이로다(시 133:1-3).

교회의 봉사 활동이나 선교 지원 체계가 규모 있게 체계화 되어 있지 못할 때에는 수고하고 애쓰는 데 비해 그 결과나 효과가 미진할 수밖에 없다. 자녀 교육에 있어서도 가정과 교회와 학교의 유기적인 네트워크가 필요하다. 그래서 최근에는 청소년 수련회 프로그램이나 교회 프로그램에 학부모와 청소년 자녀가 함께 참여하는 사례가 늘고 있다.

가정에서 부모의 따뜻한 관심과 사랑, 교회에서의 체계적이고 전인적인 신앙 훈련, 그리고 학교에서의 학습 활동 및 적성 교육이 학원이나 취미 활동을 통한 재능 개발 및 심화 교육과 함께 서로 공동 전선을 형성해서 정보를 나누고 공조할 때 좋은 결실을 맺는다.

누군가 한국교회 교육의 문제점을 '연결'이 되지 않는 것이라고 지적한 적이 있다. 교회의 선교 지원 체제나 봉사 활동도 비슷한 형편이라고 볼 수 있다.

관에서 하는 실업자 지원 활동도 단순 생계 지원이나 일시적인 공공 근로 사업에 의존하는 방식보다는 장기 실업자를 돕기 위해서

생활필수품과 의료 서비스를 지원할 수 있는 업체를 연결해서 실제적으로 장기 실직자를 지원할 수 있는 네트워크 구축이 절실한 형편이다.

구직자와 구인처의 정보를 한 데 모아서 필요한 곳에 소질과 적성에 맞는 노동 인력을 제공해야 한다. 전체적으로 실직 인구가 많이 있음에도 불구하고 여전히 일꾼을 구하는 곳에는 쓸 만한 사람이 없다고 야단이다.

> 나 홀로 얼마나 많이 하느냐보다 얼마나 효율적인 네트워크를 형성해서 공유하고 나누느냐가 중요한 시대이다.

교회마다 선교 지원을 하고 다양한 사회봉사 활동을 펼치고 있지만 시행중인 프로그램에 비해서는 체계적이고 효율적인 관리가 미흡한 점이 많은 아쉬움으로 남는다. 교회들이나 기관들이 상호 네트워크를 형성해서 연합하고 동역한다면 얼마나 아름답겠는가?

학생들이 다양한 악기를 들고 나와서 합주를 할 때마다 큰 감동을 느낀다. 사람도 다르고, 악기도 다르고, 연주하는 기법이 다양하지만 아름다운 하모니를 이루어 내는 모습은 우리의 일반 사역에서도 많은 교훈이 된다. 은사 합주, 기도 합주, 사역 합주, 선교 합주가 펼쳐질 때 주님이 얼마나 기뻐하실까?

현대인들은 바쁘면서도 각기 외로워하고 있다. 예산이 낭비되고 인력이 소모되는 지금은 나 홀로 얼마나 많이 하느냐보다 얼마나 효율적인 네트워크를 형성해서 공유하고 나누느냐가 중요한 시대이다. 壎

> 전체적으로 실직 인구가 많이 있음에도 불구하고 여전히 일꾼을 구하는 곳에는 쓸 만한 사람이 없다고 야단이다.

6

계절과 절기 자연에서 배운다

부드러운 것의 강함에 대하여

내게 이르시기를 내 은혜가 네게 족하도다 이는 내 능력이 약한데서 온전하여짐
이라 하신지라 이러므로 도리어 크게 기뻐함으로 나의 여러 약한 것들에 대하여
자랑하리니 이는 그리스도의 능력으로 내게 머물게 하려함이라(고후 12:9).

봄철에 새순이 돋아나는 것을 보면 신선하기 짝이 없다. 겨우내 앙상하던 나뭇가지에서 어떻게 신선한 새싹이 돋아나는지 자연의 모습이 참으로 신기하기만 하다. 긴 겨울, 죽은 것만 같았던 마른 가지에서 그토록 여리고 푸른 생명이 움트게 하는 하나님의 솜씨와 위대함은 다시 한번 탄복을 자아내게 한다. 어쩌면 그토록 여리고 약한 것이 혹독하고 매서운 겨울 동안 생명을 품고 견디어 냈을까?

봄날 연둣빛으로 돋아나는 이파리는 손에 따서 비벼보면 파아란 물밖에는 나오지 않는 연약하기 짝이 없는 생물이다. 곳곳에 늘어진 버드나무 이파리가 봄소식을 제일 먼저 전하는 것을 볼 수 있다. 그 가녀린 산들바람에도 쉽게 일렁이는 연약한 가지를 가지고 있다는 말이다.

보통 사람들은 무엇이든지 강하고 크면 좋다고 생각한다. 그래서 작고 약한 것은 부끄러워하고, 어떤 경우에는 그것이 콤플렉스가 되기까지 하여 사람을 불편하게 만든다.

그러나 진정 약하면서도 강한 것이 있다. 물은 흘러가다가 막히면 기다렸다가 고여서 넘쳐흐르고, 한 점 한 점의 물방울이 떨어

지고 또 떨어져서 바위를 뚫기도 한다. 물처럼 순리를 따르고 기다릴 줄 알아야 한다. 계절이 바뀌고 새순이 돋아나듯이 순리를 따라야 한다.

신약성경 상당 부분을 기록한 위대한 사도 바울은 약한 것을 자랑했다. 그는 고린도후서 12장에서 "내 능력이 약한 데서 온전해진다"고 했고, 또 "나의 여러 약한 것들에 대하여 도리어 크게 기뻐하고 자랑한다"고 말했다. 그는 약할 그때가 곧 강함이라고 했다.

봄이 오면 생기가 도는 이유는 이와 같은 원리가 대자연 속에서 눈에 띄게 꿈틀거리기 때문이다. 막 돋아난 새싹은 약하고 부드럽지만 철을 지나며 나무를 이루고 숲을 이루게 될 것이다. 믿음이 성숙할수록 자기가 가진 약하고 부끄러운 것들을 사랑하고 기뻐하게 된다. 하나님께서는 사람의 약한 것을 들어서 강하게 쓰시기 때문이다.

만물이 약동하고 점점 녹음이 짙어져 가는 계절에, 약하지만 온유하고 강한 이웃들의 힘을 생각해 본다. 壎

> 신약성경 상당 부분을 기록한 위대한 사도 바울은 약한 것을 자랑했다. 그는 "내 능력이 약한 데서 온전해진다"고 했고, "약한 것들에 대하여 도리어 크게 기뻐하고 자랑한다"고 말했다. 그는 약할 그때가 곧 강함이라고 했다.

밸런타인데이

그러므로 무엇이든지 남에게 대접을 받고자 하는대로 너희도 남을 대접하라
이것이 율법이요 선지자니라 (마 7:12).

사랑하는 연인에게 초콜릿으로 사랑을 전하는 날이라고 알려진 날이 밸런타인데이이다. 그날을 전후한 시기에는 전국의 백화점, 제과점, 팬시용품점 등에서 화려하게 포장된 초콜릿들을 즐비하게 진열하여 아직 선물하는 것에 익숙하지 않은 어린 청소년들의 눈길을 유혹한다.

상업성의 개입으로 기원이 변질된 밸런타인데이를 어떻게 보내는 것이 좋을까? 밸런타인데이의 기원에 대해서는 여러 가지가 전해지고 있다. 그 중 하나는 착한 일을 많이 한 기독교 신자가 죽자 그를 기리기 위해 세인트 밸런타인이라는 칭호를 주고 그날을 축제일로 삼기 시작했다는 이야기이다. 그런데 언제부터인가 밸런타인데이는 연인들을 위한 사랑의 날로 의미가 바뀌어서 그 유래를 제대로 찾기가 힘들어졌다.

삭막한 이기주의가 판치는 현대 사회에서 일 년에 며칠이라도 사랑을 전하는 날을 정하고 이를 기념하는 것은 꼭 나쁘다고 얘기할 수만은 없다. 누군가에게 사랑의 선물을 전해 주는 날을 정해 놓는

것도 좋은 일이다. 성경은 분명히 주는 자가 복이 있다고 가르치고 있다. 이 땅에 사랑 받지 못하고 헤매는 아이들이 얼마나 많은가? 애정 결핍은 작은 배려가 없어서 그렇고, 우리가 감동 받는 부분은 나를 향한 작은 정성과 베풂에 사랑을 느끼는 것이다.

그러나 주는 데에도 지혜가 필요하다. 줄 때에 더욱 예의와 순수성이 있어야 한다. 육교 위의 걸인은 배경을 논하기에 앞서 불쌍한 사람임에 틀림없다. 그저 순수하게 도와주는 것은 얼마나 귀한 일인가?

그럼에도 불구하고 밸런타인데이가 지나치게 유행과 상업성에 연관되어 있는 것은 문제이다. 남들이 하니까 나도 하고, 남들이 받는데 나는 못 받으면 섭섭한 날이 되어서는 곤란하지 않은가? 사랑과 의미는 제대로 갖추지 않고 백화점이나 상점에서 그냥 대량으로 사서 전하는 경우가 많으니까 문제가 되는 것이다.

그리스도인이 밸런타인데이에 큰 의미를 부여할 필요는 없지만 무조건 반대할 일도 아니다. 오히려 예수님의 진정한 사랑의 의미를 되새기는 날로 삼는다면 좋을 것이다. 그저 덩달아 초콜릿만 전해 주는 날이 아니라, 최근에 한국 대학생 대중문화 감시단이 명동에서 벌이고 있는 캠페인, 즉 상업주의에 물든 밸런타인데이를 대신해서 자신을 녹여 어둠을 밝히는 촛불을 상징하는 캔들데이(Candle day)로 진정한 사랑을 나누자는 캠페인처럼 의미 있고 사랑이 넘치는 날이 되어야 할 것이다.

전화 한 통화나 엽서 한 장이 사람의 마음을 얼마나 행복하게 만드는지 모른다. 맛있고 정갈한 우리 떡이나, 작지만 성경 구절을 메모한 선물은 또 다른 삶의 기쁨을 줄 것이다. 성탄절 카드나 선물은 이미 대중화 되었지만 부활절 카드는 또 다른 의미가 있듯이, 밸런타인데이와 같은 날을 더욱 성경적으로 규명하고 참된 사랑을 나누는 날로 만들어 갔으면 한다. 壎

> 주는 데에도 지혜가 필요하다. 줄 때에 더욱 예의와 순수성이 있어야 한다. 육교 위의 걸인은 배경을 논하기에 앞서 불쌍한 사람임에 틀림없다. 그저 순수하게 도와주는 것은 얼마나 귀한 일인가?

길이 끝나는 곳에서 새로운 길이 시작된다

그러므로 너희에게 구하노니 너희를 위한 나의 여러 환난에 대하여 낙심치 말라 이는 너희의 영광이니라(엡 3:13).

우리는 힘든 시대를 살고 있다. 장기간의 경제 침체와 정치적인 소용돌이 등 지금은 어두움의 때를 지나고 있다. 그러나 낙심하지 말아야 할 것은 소망이 있기 때문이다. 기차를 타고 어두운 터널을 통과할 때, 우리가 할 일은 기관사를 믿고 조용히 기다리는 것이다. 어두운 터널 끝에서 만나게 될 밝은 태양 빛을 기대하면서 조용히 기다리는 것이다.

우리 모두는 요동치 않는 인생을 소망하며, 갈등 없는 사랑을 소망한다. 문제없는 인생을 기대하고, 폭풍우 없는 항해를 원한다. 그러나 그것은 불가능한 일이다. 빛과 어두움이 공존하고, 맑은 날과 흐린 날이 공존하듯이 우리 인생에도 양면이 있다. 흔들리지 않고 피는 꽃은 없다. 흔들리면서 줄기를 곧게 세우는 것이다. 폭풍우 때문에 깊이 뿌리를 내린 나무가 큰 나무가 된다. 깊은 뿌리, 튼튼한 뿌리를 가진 나무는 온실에서 자란 나무가 아니라 시련 가운데 성장한 나무이다.

기독교 절기 중에 부활절만큼 중요한 절기도 없다. 그런데 부활절을 맞이하기 위해서는 반드시 고난 주간을 지내야 한다. 예수님의 고난은 절망 중의 절망이었다. 예수님이 당하신 십자가의 고통은 너무나 혹독했다. 막다른 길이었고, 길이 끝나는 곳이었다. 정의도, 사랑도, 진리도 다 사라진 것 같았다. 그러나 예수님은 십자가에서 절망하지 않으셨다. 왜냐하면 십자가 뒤에 감추어진 부활의 영광을 보셨기 때문이다.

> 흔들리지 않고 피는 꽃은 없다. 흔들리면서 줄기를 곧게 세우는 것이다. 폭풍우 때문에 깊이 뿌리를 내린 나무가 큰 나무가 된다. 깊은 뿌리, 튼튼한 뿌리를 가진 나무는 온실에서 자란 나무가 아니라 시련 가운데 성장한 나무이다. … 길이 끝난 곳에서 새로운 길이 시작된다. 벼랑 끝에 서는 순간 하나님은 우리에게 날개를 달아 주신다.

길이 끝난 곳에서 새로운 길이 시작된다. 벼랑 끝에 서는 순간 하나님은 우리에게 날개를 달아 주신다. 막다른 길에 서 있다고 좌절하지 말아야 할 것은, 길이 끝난 것처럼 보인다고 실망하지 말아야 할 것은, 어두움이 지나면 새벽이 밝아 오듯이 길이 끝난 그 자리에서 새로운 길이 열릴 것이기 때문이다.

고통 중에 있을 지라도 낙담하지 말아야 한다. 다 끝나기 전에는 끝난 것이 아니다. 인생이란 큰 경기장에서 펼쳐지는 야구와 같아서 아무도 마지막 9회말이 끝날 때까지 절대 결과를 예측할 수 없다.

아름다운 향유를 만들기 위해서는 꽃을 철저하게 으깨어야 한다. 현대인들이 좋아하는 좋은 향수는 철저하게 꽃잎을 깨뜨려 만든다. 또 그것은 깨어질수록 더욱 고상한 향을 발한다. 인생의 신비가 바로 여기에 있다. 고난을 통해 깨어지고 부서진 사람들 속에서 아름다운 향기를 맡을 수 있다. 그들 속에는 자신을 뽐내지 않는 겸손한 모습이 있으며, 담백한 모습이 있고, 굳세면서도 유연한 모습이 있다.

인간은 희망을 가지고 살아가는 존재이다. 우리 스스로 절망을 선택하지 않는 한 아무도 우리를 절망시킬 수 없다. 어떠한 상황에 처해 있든지 우리가 희망을 선택한다면 우리 인생은 언제든지 새로운 전환점을 맞이하게 될 것이며, 역전의 길에 들어서게 된다. 인생이란 거칠기 그지없다. 십자가에서 고통당하신 주님은 우리가 당하는 인생의 고통을 이긴다. 동시에 우리 인생이 주님과 함께 역전될 것도 아신다. 우리가 소망을 품고 하루하루를 살아가야 하는 이유가 여기에 있다. 壎

> 아름다운 향유를 만들기 위해서는 꽃을 철저하게 으깨어야 한다. 현대인들이 좋아하는 좋은 향수는 철저하게 꽃잎을 깨뜨려 만든다. 또 그것은 깨어질수록 더욱 고상한 향을 발한다. 인생의 신비가 바로 여기에 있다. … 인간은 희망을 가지고 살아가는 존재이다. 우리 스스로 절망을 선택하지 않는 한 아무도 우리를 절망시킬 수 없다.

가지치기의 원리

여호와의 인자하심과 인생에게 행하신 기이한 일을 인하여
그를 찬송할찌로다(시 107:15).

나무를 사람에 비교해서 설명할 때가 많다. 나무와 꽃에도 얼굴이 있고 표정이 있다. 꽃봉오리가 맺힐 때나 만개하여 활짝 피었을 때나 시들어갈 때, 어느 모습 속에서도 하나님을 향한 독특한 아름다운 모습이 있다. 또한 그 순간마다 하나님의 섭리를 보여 주는 메시지를 담고 있다. 꽃이 피기 전 봉오리가 맺힐 때는 부푼 기대로 인한 설레임이 있다.

봄철의 물오른 나뭇가지는 싱그럽다. 겨우내 죽은 듯 시커먼 색깔로 침묵하던 가지에서 목련이 피어나고 진달래, 개나리가 필 때면 삶에도 생기가 돈다. 그러다가 활짝 피어 그야말로 만개한 꽃봉오리를 보면 더 없는 환희와 기쁨을 느낀다. 그 화사함과 수려함을 어디에도 견주겠는가? 그러나 화려한 자태도 잠시, 이내 시들어 갈 때는 또 다른 인생의 엄숙한 섭리를 보게 된다.

만사가 때가 있다. 꽃이 필 때가 있고 질 때가 있다. 화려한 모습을 떨구고 열매를 간직하듯 성숙한 열매를 남기기 위해선 대가를 치러야 한다. 그리고 그 열매가 익기까지 또 비바람과 눈물의 세월이 흘러가야 한다. 약 중에 최고는 세월이라고 하지 않던가.

어느 늦은 가을날, 이파리도 꽃도 열매도 사라진 앙상한 가지에서 모진 한파를 이겨내는 생명의 강인함을 본다. 고독한 모습이지만 사실 그 내면에는 봄날의 생기와 여름철의 무성함, 가을의 풍성함이 함께 엉켜 있다.

겨울철 과실나무의 가지치기를 할 때도 원리가 있다. 씨눈을 중심으로 해서 먼저 썩은 가지를 잘라낸다. 두 번째는 가지끼리 서로 부딪치는 가지를 잘라주고, 세 번째는 안쪽으로 향하는 가지를 잘라내고, 네 번째는 햇빛을 가리는 가지를 쳐내야 한다. 이는 인간관계와 흡사하다.

겨울철 과실나무의 가지치기를 할 때도 원리가 있다. 씨눈을 중심으로 해서 먼저 썩은 가지를 잘라낸다. 두 번째는 가지끼리 서로 부딪치는 가지를 잘라주고, 세 번째는 안쪽으로 향하는 가지를 잘라내고, 네 번째는 햇빛을 가리는 가지를 쳐내야 한다. 이는 인간관계와 흡사하다. 씨눈, 생명을 소중히 다루어야 하고, 썩어 들어가거나 서로 부딪히며 갈등을 조장하면 안 된다. 밖으로 뻗어 나가야지 자주 내적인 고민에만 빠져도 곤란하다. 햇빛을 가리는 가지는 다른 가지에까지 피해를 주므로 미련없이 전지해야 한다. 하나님은 열매 맺는 가지는 더 많은 열매를 맺게 하려고 깨끗케 하시는 분이시다.

사계절 자연은 철따라 하나님을 찬양한다. 자연이 하나님을 더 자연스럽게 찬양한다. 해는 바뀌고 세월은 흘러가도 자연 속에서 발견하게 되는 하나님의 손길은 변함없이 섬세하시다.

프란체스코는 새소리를 듣고도 새들이 하나님을 찬양한다는 것을 알았다. 그는 자연 속에서 새들과도 대화를 나누었다. 간사한 인간사보다 자연 속에서 더 순수한 찬양소리를 듣게 된다. 겨울나무의 앙상한 가지가 까만 한 줄의 현을 울리듯, 고독하지만 깊은 소리를 낸다. 壎

가라지를 뽑지 말라

주인이 가로되 가만 두어라 가라지를 뽑다가 곡식까지 뽑을까 염려하노라(마 13:29).

농부는 김매기 때가 되면 논밭에서 잡초를 뽑아낸다. 선량한 곡식에 피해를 주기 때문이다. 잡초는 경작지, 도로, 빈터에 씨를 뿌리지 않아도 저절로 나서 자란다. 그 뿌리는 매우 길고 강할 뿐 아니라 생육이 빠르고 번식력이 강하여 종자의 수명이 길다. 그래서 끈질긴 생명력과 강한 저항성을 잡초 같은 인생에 비유하기도 한다.

잡초는 작물이 차지할 땅과 공간을 점령해서 양분과 수분을 빼앗고 햇빛을 차단하며 통풍을 저해하기 때문에 작물의 생장을 방해한다. 잡초가 우거진 곳은 병균과 벌레의 서식처이자 번식처가 된다. 그야말로 농부에게 있어 잡초는 농사에 도움이 안 되는 제거 대상이다.

그런데 마태복음 13장에서 예수님의 가라지 비유를 보면 종들이 와서 가라지를 뽑기를 원하시나이까 하고 물을 때에 주인은 "가만 두어라 가라지를 뽑다가 곡식까지 뽑을까 염려하노라 둘 다 추수 때까지 함께 자라게 두어라 추수 때에 내가 추수꾼들에게 말하기를 가라지는 먼저 거두어 불사르게 단으로 묶고 곡식은 모아 내 곳간에 넣으라"(마 13:24-30)고 말하고 있다.

이 세상에는 가라지 같은 악한 존재가 엄연히 공존한다. 완벽한 세상은 없다. 그러나 눈에 가시 같은 존재라고 모두 제거하려고 하면 안 된다. 가라지는 얼마나 뿌리가 길고 견고한가. 만약 섣불리 그것을 뽑았다가는 근처 곡식 뿌리가 크게 상할 것이기 때문에 예수님께서는 가라지의 제거보다는 곡식의 손상을 염려하셨다.

> 가라지와 곡식은 본래 한 밭에 함께 자라는 법이다. 그냥 품고 살아야 한다. 문제를 해결하려고 하지 말고 문제를 즐겨야 한다. 빈대 한 마리 잡으려다가 초가삼간 다 태우는 우를 범해서는 안 된다. 원수도 사랑하고 품는 것이 능력이다.

대통령의 '잡초 정치인 심판론'이 사회적으로 논란이 되었던 적이 있다. 이 세상에서 모든 것을 완벽하게 정리하고 가라지 같은 존재가 모조리 제거된다면 얼마나 좋겠는가? 하지만 현실은 그렇지 못하다.

가라지와 곡식은 본래 한 밭에 함께 자라는 법이다. 그냥 품고 살아야 한다. 문제를 해결하려고 하지 말고 문제를 즐겨야 한다. 빈대 한 마리 잡으려다가 초가삼간 다 태우는 우를 범해서는 안 된다.

백합화는 가시밭에 있어도 가시에 찔릴수록 향기를 발할 뿐이다. 향나무는 도끼에 찍혀 상처가 날수록 향기가 진동할 따름이다. 그러나 때가 있나니 추수 때가 되면 하나님께서 친히 심판하신다.

잡초는 불살라질 것이다.

무엇이든지 제거하는 것이 능사가 아니다. 원수도 사랑하고 품는 것이 능력이다. 壎

이 세상에는 가라지 같은 악한 존재가 엄연히 공존한다. 그러나 섣불리 그것을 뽑았다가는 근처 곡식 뿌리가 크게 상할 것이기 때문에 예수님께서는 가라지의 제거보다는 곡식의 손상을 염려하셨다.

포도나무의 비밀

내가 참 포도나무요 내 아버지는 그 농부라(요 15:1).

예수님께서는 '내가 참포도나무요 내 아버지는 그 농부라(요 15:1)' 고 말씀하셨다. 여기에 놀라운 비밀이 있다. 비밀은 감추어진 원리이다. 이 원리를 알아야 한다. 은행에 가서 돈을 찾더라도 비밀번호를 모르면 출금을 할 수 없다. 그렇듯 비밀을 알고 원리를 알아야 하는데, 성장의 원리, 풍성함의 원리가 이 비유 속에 들어 있다.

먼저, '농사의 비밀' 이다. 콩 심은 데 콩 나는 건 당연하지만 또 한편 기적일 수도 있다. 콩이 안 날 수도 있기 때문이다. 그러나 농부는 콩 심은 데 콩이 날 것을 믿고 심는다. 심은 대로 거두는 것이 농사의 원칙이다. 기도를 심으면 응답을 받고, 말씀을 심으면 역사가 일어난다. 소원을 품으면 소원의 항구로 인도함을 받는 것이다.

심는 대로 거두는 것이 원리이지만 좋은 땅에서는 더 많은 수확을 얻기도 한다. 그러기 위해서는 산성화된 땅이 알칼리화 되도록, 객토를 하고 흙이 숨 쉬게 해야 한다. 우리 삶에서도 풍성한 열매가 가득 차려면 마음 밭을 기경하고 마음을 다스려 좋은 마음이 되게 해야 한다.

"내 아버지는 농부라" 하셨다. 농부의 마음은 농사가 잘 되기를 바라는 마음이다. 밭의 열매가 많이 맺히고 소출이 많아지는 것을 바란다. 하나님께서도 우리의 삶이 풍성하기를 원하신다.

농사에도 원리가 있다. 지금껏 65만 명가량 정신교육을 시킨 가나안농군학교의 부지에는 기도굴과 학교와 농장이 있다. 농군학교에서는 원리를 알고 농사를 지어야 좋은 농사를 지을 수 있다는 것을 교육을 통해 지도한다. 또 기도굴이 있는데, 이는 원리를 알고 최선을 다하되, 그와 동시에 늘 하나님의 은혜를 구해야 하기 때문이다.

농부는 풍성한 수확을 위해 최선을 다한다. 포도나무 넝쿨이 땅에 닿으면 잎과 열매에 흙이 묻지 않도록, 가지에 버팀목을 대어 들어 올려 주고, 또 이미 땅에 닿은 가지와 잎, 열매는 깨끗하게 닦아 준다. 이같이 풍성한 수확을 기대하고 정성껏 나무를 돌보는 것이 농부의 마음이다. 또 그 마음이 그대로 농사에 적용되어 풍성한 열매를 맺는 것이 농사의 비밀이다.

> 들포도나무를 참포도나무에 접붙이면 참포도를 맺게 된다. 예수님, 하나님의 말씀이 참포도나무라면, 나의 본 바탕은 들포도나무라 할 수 있다. … 걸레는 빨아도 걸레다. 근본적인 변화가 요구된다.

두 번째로 '접붙임의 비밀'이다. 들포도나무를 참포도나무에 접붙이면 참포도를 맺게 된다. 예수님, 하나님의 말씀이 참포도나무라면, 나의 본 바탕은 들포도나무라 할 수 있다. 그래서 가만히 두면 나쁜 열매를 낼 수밖에 없다. 접붙여져야 한다. 걸레는 빨아도 걸레다. 근본적인 변화가 요구된다. 내 근본이 바뀌려면 오직 예수 그리스도와 연합하여야만 하는 것이다. 그러면 종자가 바뀐다. 종의 영을 가진 자가 아니라 양자의 영, 상속자의 영을 받게 되기 때문이다.

그러려면 "너희가 내 안에 내가 너희 안에 거해야 한다"고 예수님은 말씀하신다. 여기에 거함의 원리가 있다. 접붙여진 가지는 포도나무에 붙어만 있어도, 또 자기 혼자 애를 쓰지 않아도 열매를 맺게 된다. 때로 주님은 우리가 얼마나 많은 일을 하느냐 하는 것 보다 함께 있는 것 자체를 원하신다. 주님과 동거함, 주와 동행하는 삶이 되도록 힘써야 할 것이다.

부부사이도 마찬가지이다. 배우자에게 무언가를 해 주기 위해 분주한 것보다 때로 함께 있어 대화하고 서로 마주보는 시간이 더 필요하다. 모든 인간관계가 마찬가지이다. 동행하고 서로 공통분모를 만들어 가고 넓혀 가는 것이 중요하다. 전선의 접촉 불량이 바로 화재 발생의 원인이 되듯, 영적으로나 가정적으로나 모든 관계에 있어서 항상 접촉 상태를 잘 유지해야 한다. 그래야 사랑, 희락, 화평 등 좋은 열매가 풍성한 삶을 살게 된다.

세 번째는 전지(剪枝)의 원리이다. 농부는 포도나무가 더 좋은 열매를 맺게 하기 위해 열매 없는 가지는 잘라 버린다. 이렇게 하는 것이 포도나무에게 더 유익하기 때문이다. 잎사귀만 무성한 줄기가 영양분을 다 빨아먹어버리면 열매가 많이 맺힐 수 없다.

그러나 열매 맺는 가지만 남기면 거기에 영양분이 잘 공급되어 더 풍성히 열매 맺는다. 그래서 햇빛을 가리는 가지, 썩은 가지, 안으로 들어오는 가지, 다른 가지와 싸우는 가지는 제하여 버리는 것이다. 이러한 원리는 신앙생활에서도 마찬가지로 적용된다.

내 삶에 하나님이 바라시는 풍성한 열매가 많도록, 선한 것을 심고, 그리스도와는 철저히 연합된 삶을 살며, 또 나쁜 것은 제하여 버리도록 노력하며 살아가야 하겠다. 壎

> 내 근본이 바뀌려면 오직 예수 그리스도와 연합하여야만 한다. 그러면 종자가 바뀐다. 종의 영을 가진 자가 아니라 양자의 영, 상속자의 영을 받게 되기 때문이다.

태풍이 지나간 자리

너희를 위한 우리의 소망이 견고함은 너희가 고난에 참예하는 자가 된 것 같이 위로에도 그러할 줄을 앎이라(고후 1:7).

여름철만 되면 연중행사 치르듯 겪는 태풍과 물난리 후에는 의례고 수재 의연금을 모금하곤 한다. 태풍이 지나간 자리에는 많은 아픔과 상처들이 남는다. 태풍은 많은 고귀한 사람들의 생명을 빼앗고 계산할 수 없는 재산 피해를 남기고 간다.

지난 번 태풍으로 필자가 아는 한 대학생도 희생을 당했고, 수년 전에는 교회 지하실에 흙탕물이 가득 차서 곤욕을 치른 적이 있다. 다 익은 과일이 떨어지고 잘 커가던 짐승들이 떼죽음을 당하고 농토가 유실되고 산사태가 일어난 것을 보면서, 보는 사람의 가슴도 무너지는 것 같았다.

자연의 힘은 사람이 감당할 수 없는 큰 것임에 틀림없다. 태풍이 몰고 온 강한 비를 흔히 수마(水魔)라고 한다. 해마다 이런 엄청난 난리를 치르고, 고통 당하는 분들의 마음을 무엇이라 위로할 수 없지만 우리는 이를 그냥 수마, '물마귀' 라고 부른다. 그러나 어쩔 수 없다고 생각할 것이 아니라 똑같은 화를 되풀이 당하지 않도록 대비해야겠다.

일기 예보를 탓하기 전에 자연의 힘 앞에 우린 겸손해져야 한다. 늑장과 오보로 일조한 첨단 정보 시대에 기상청에 수백억 원대의 컴퓨터를 도입했어도 게릴라성 폭우나 집중 호우 앞에서는 먹통에 불과했다고 하지 않는가?

최근에는 찬송가 379장을 자주 부르게 된다.

> 세상 모든 사람들 집을 짓는 자니
> 반석 위가 아니면 모래 위에 짓네
> 주의 말씀 듣고도 행치 않는 자는
> 모래 위에 터 닦고 집을 지음 같아
> 비가 오고 물 나며 바람 부딪칠 때
> 모래 위에 세운 집 크게 무너지네
> 잘 짓고 잘 짓세 우리 집 잘 짓세
> 만세 반석 위에다 우리 집 잘 짓세

> 자연의 힘 앞에 우린 겸손해져야 한다.… 인생은 건축과 같다. 인생 길에는 폭풍이 휘몰아치는 밤도 있다. 비, 바람, 태풍은 자연적 기능에서 오는 것이지 그 자체가 사람에게 해를 끼치는 것은 아니다.

인생은 건축과 같다. 인생 길에는 폭풍이 휘몰아치는 밤도 있다. 비, 바람, 태풍은 자연적 기능에서 오는 것이지 그 자체가 사람에게 해를 끼치는 것은 아니다. 오히려 비가 없으면 땅은 황폐한 사막이 되고 만다. 바람이 없는 날 얼마나 덥고 후텁지근한가?

태풍의 역기능적인 면도 많지만 태풍이 지나간 하늘과 바다는 새 하늘 새 바다가 된다. 온갖 공해와 먼지를 씻어 날려 버리고, 바다를 밑에서부터 뒤집어서 새로운 삶의 체계를 만들고 적조도 태풍이 와야 없어진다.

> 태풍이 지나간 하늘과 바다는 새 하늘 새 바다가 된다. … 든든한 둑을 쌓아서 우리 삶의 공간을 잘 지켜가야겠다.

그러므로 우리는 자연의 섭리 앞에 좀더 겸손해야 한다. 무분별한 개발로 자연을 파괴하여 이상 기온을 초래하기보다는 더더욱 나무를 심고 숲을 키우며 환경을 보전할 뿐 아니라, 든든한 둑을 쌓아서 우리 삶의 공간을 잘 지켜가야겠다. 壎

한 송이 이름 없는 들꽃으로 피었다가 지리라

여호와께서 너희 땅에 이른비, 늦은비를 적당한 때에 내리시리니 너희가 곡식과 포도주와 기름을 얻을 것이요(신 11:14).

여름날의 무더위와 성가신 모기들은 감쪽같이 사라지고 계절의 변화를 실감하는 제법 쌀쌀한 가을날. 가을이 되면 자연의 변화가 오색찬란한 단풍과 풍성한 과일을 통해 먼저 전해져 온다. 많은 사람들이 단풍놀이를 가고 대자연 속에서 즐거운 추억의 시간을 갖는다. 짧은 시간이라도 내어서 억새가 휘날리는 언덕을 한번 바라보라. 지난 시절 서러움은 풀잎처럼 쓰러지고, 약한 줄기지만 바람에 드러누웠다가 이내 일어서서 두 팔을 흔드는 눈부신 억새를 볼 것이다.

늦은 밤 잠시 가로수 곁이나, 놀이터의 나무 아래서도 우리는 꼬리를 감추는 소슬한 바람을 느끼게 될 것이다. 옷깃을 파고드는 바람과 시린 달빛이 다가오는 수능시험과 연말을 재촉한다.

예전에는 주일 예배에 빠지는 변명 사유가 그렇게 많지 않았던 것 같은데, 요즘은 봄에는 봄나들이 야유회, 여름에는 해수욕과 피서 여행, 가을에는 벌초, 단풍놀이, 겨울에는 스키나 눈썰매 타러 간다고 야단인 것을 보면 여유가 생길수록 사람들은 신앙생활에는 더 소홀해지는가 보다.

내가 아는 한 교수님은 유독 들꽃을 좋아한다. 집안에 있는 화초도 아름답지만, 가을날 들꽃을 바라보면 훨씬 더 강한 생명력과 독특한 향취가 난다고 한다. 요즘은 진짜처럼 정교하게 만들어진 조화나 한껏 기교를 부린 종이 꽃꽂이도 많지만, 가을날 산길을 가다가 문득 눈에 들어오는 들꽃을 보면 자연스러운 아름다움을 느끼게 된다.

누가 심지도 기르지도 않았지만 적당한 곳에 자리를 잡고, 철에 따라 한 송이 꽃을 피우기까지 겨울, 봄, 여름을 지나온 세월의 연륜이 보인다. 비바람 속에서도 꺾이지 않는 강인한 생명력을 지니고 있다. 아무도 맡아 주는 이 없지만 그 나름의 매혹적인 향기를 품고 있다.

우리네 삶도 고도로 정치적인 기교와 인간의 조작적인 모습보다 그저 한 송이 들꽃처럼 그렇게 자연스러우면서도 넉넉한 모습이었으면 좋겠다. 건강함은 자연스러움이다. 인간사가 싫어질수록 자연 속의 들꽃이 그리워지는 계절이다. 필자가 애송하는 이현주 님의 시 한 편을 소개한다.

> 들꽃을 보면, 누가 심지도 기르지도 않았지만 적당한 곳에 자리를 잡고, 철에 따라 한 송이 꽃을 피우기까지 겨울, 봄, 여름을 지나온 세월의 연륜이 보인다. 우리네 삶도 고도로 정치적인 기교와 인간의 조작적인 모습보다 그저 한 송이 들꽃처럼 그렇게 자연스러우면서도 넉넉한 모습이었으면 좋겠다.

한 송이 이름 없는 들꽃으로 피었다가 지리라
바람으로 피었다가 바람으로 지리라
누가 일부러 다가와 허리 굽혀 향기를 맡아 준다면 고맙고
황혼의 어두운 산그늘만이 찾아오는 유일한 손님이어도
또한 고맙다
홀로 있으매 향기는 더욱 맵고 외로움으로 꽃잎은 더욱 곱다
하늘 아래 있어 새벽 이슬 받고 땅의 심장에 뿌리박아 숨을 쉬니
다시 더 무엇을 바라리요
있는 것 가지고 남김 없이 꽃피우고 불어 가는 바람 편에
말을 전하리라
빈들에 피는 것은 보아 주는 이 없어도 넉넉하게 피는 것은
한평생 홀로 견딘 이 아픔이 비밀로 미련 없는 까만 씨앗 하나
남기려 함이라고
한 송이 이름 없는 들꽃으로 피었다가 지리라
끝내 이름 없는 들꽃으로 지리라 [壎]

깊이 감사하고, 깊이 생각하고, 깊이 사랑하라

범사에 감사하라 이는 그리스도 예수 안에서 너희를 향하신

하나님의 뜻이니라(살전 5:18).

가을은 떨어지는 낙엽 하나에도 가슴이 젖어드는 시인의 계절이며, 사랑과 낭만의 계절이다. 또한 가을은 '가장 아름다운 열매를 위하여 이 비옥한 시간을 가꾸게 하소서'라는 김현승의 시구처럼 한 해의 풍성한 열매를 위해 여분의 힘을 쏟아야 할 전력투구의 계절이다. 그리고 지나온 삶의 열매를 살피고 자신을 돌아보는 계절이기도 하다.

인생의 질을 결정하는 가장 중요한 사고 습관은 감사이다. "범사에 감사하라"는 성경 말씀은 감사를 우리 인생의 가장 중요한 사고 습관으로 삼으라는 명령이다. 감사는 우리의 분산된 에너지를 통합시키고 집중력을 발휘하게 하는 강력한 렌즈이다. 우리의 내면에서 일단 감사의 파동이 시작되면, 강철을 뚫는 레이저빔처럼 그것은 몸속에 분산된 에너지를 통합시켜 인생의 어떤 난관도 뚫어내는 힘을 발휘하게 된다.

우리 삶에서 감사를 찾고 발견할 때까지는 아무리 부귀영화를 누리는 인생도 실상은 캄캄한 밤이다. 반면 현실적으로 아무리 캄캄한 밤과 같은 인생이라도 감사를 발견하는 순간, 해와 같이 밝은 인

생, 풍성한 열매를 맺는 인생이 된다. 몸의 에너지를 통합하고 집중시키는 감사를 어떤 환경에서도 할 수 있다면 우리는 지금보다 몇 백 배의 열매를 맺는 인생을 살 수 있을 것이다.

감사는 우리의 분산된 에너지를 통합시키고 집중력을 발휘하게 하는 강력한 렌즈이다.

가을은 깊이 생각하는 계절이다. 깊이 생각한다는 것은 깊이 사랑한다는 것이다. 우리가 음식을 먹을 때면 농부의 수고를 생각하게 된다. 쌀 한 톨 속에 담긴 농부의 땀, 돌봄, 정성, 인내를 생각하게 된다. 농부의 수고를 생각하면 쌀 한 톨이 귀해지고, 쌀 한 톨 속에 담긴 사계절의 숨결을 느끼게 된다. 같은 음식이라도 깊이 생각하고 먹을 때 음식 맛이 달라진다. 음식의 깊은 맛을 경험할 수 있고, 음식 속에 담긴 사랑을 경험할 수 있다.

깊이 생각하는 법을 통해 사건보다 해석이 중요하다는 것을 배우게 되고, 어떤 일이든 긍정적으로 깊이 생각하면 그 사건이 새롭게 태어나는 것을 배우게 된다. 깊어가는 가을, 깊이 생각하는 시간을 갖기 바란다. 무엇보다도 더욱 깊이 사랑하길 바란다. 그리고 깊은 맛을 내는 사랑을 나누기를 바란다.

누구나 자신의 삶에는 깨어지고 조각난 부분들이 있다. 가을은 지난 일 년 동안 자신의 삶에서 깨어지고 조각난 것을 더 늦기 전에 다시 맞추어야 하는 시간이기도 하다. 시간이 흘러 '이젠 너무 늦었어' 라고 한탄하기 전에 우리 인생을 만드신 분께 자신의 깨어지고 조각난 삶의 부분들을 의뢰할 수 있기를 바란다. 가을 풍경을 보면 삶의 은혜를 저절로 느끼게 된다. 자연의 시간은 세상의 중력에 기울어진 삶의 균형추를 바로 세우는 시간이다.

지나온 인생의 역정이 어떠하든지, 지금 짊어지고 있는 삶의 무게가 얼마나 무겁든지 간에 자신을 돌아보면서 부수적인 삶의 껍데기는 떨쳐내 버리고 삶의 중요한 우선순위에 집중할 수 있는 힘을 얻을 수 있다. 바라기는 이 가을이 다 가기 전에 한번쯤은 자연 속으로 들어가 우리 인생의 주인 되시는 예수님 앞에서 흐트러진 삶의 균형추를 손질하여 바로 세울 수 있기를 바란다. 壎

> 깊이 생각한다는 것은 깊이 사랑한다는 것이다. …
> 자연의 시간은 세상의 중력에 기울어진 삶의 균형추를 바로 세우는 시간이다.

크리스마스의 아름다운 풍경

각각 은사를 받은대로 하나님의 각양 은혜를 받은 선한 청지기 같이 서로 봉사
하라 만일 누가 말하려면 하나님의 말씀을 하는것 같이 하고 누가 봉사하려면
하나님의 공급하시는 힘으로 하는것 같이 하라 이는 범사에 예수 그리스도로
말미암아 하나님이 영광을 받으시게 하려 함이니 그에게 영광과 권능이
세세에 무궁토록 있느니라 아멘(벧전 4:10-11).

성탄은 예수님께서 하늘 영광을 버리시고 낮고 천한 이 땅으로 내려오신 '사건' 이다. 그래서 크리스마스가 다가오면 가난하고 소외된 사람들이 더 반가워하는가 보다. 한국 사회가 저 높은 곳을 향하여 여기까지 달려왔다면 이제 내려갈 곳을 찾아야 한다. 그렇기 때문에 성탄은 나눔과 섬김의 계절이 되어야 한다.

구세군 자선냄비를 오랫동안 지켰던 분의 고백을 들어 보면, 예나 지금이나 넉넉치 않은 사람들이 남을 돕는 일에 더 열심이라고 한다. 아마 자선냄비 가까이 가 보지 못한 부자들도 많을 것이다. 자신도 어렵고 힘들면서 자기보다 더 어려운 이웃을 위해 정성을 다하는 모습은 아름다운 풍경이다.

자선냄비 앞에서 젊은 엄마가 아이를 시켜서 돈을 넣게 하는 것을 보면 흐뭇한 마음이 든다. 아무 것도 모르는 어린아이 같지만 어려서부터 이웃을 생각하는 마음을 갖도록 인도받는 것은 그 어떤 교육보다도 중요한 인성교육이 될 것이다.

이처럼 이웃 사랑이 우리 사회에 뿌리내리려면 각 공동체 안에

서 자원 봉사운동이 많이 일어나야 한다. 교회의 교인 수는 예전보다 많아졌지만 일꾼은 많지 않은 형편이 어디나 비슷할 것이다. 자신이 직접 이웃을 돕거나 큰 기부를 하는 방법도 좋지만 자원 봉사야말로 이웃돕기는 물론 자신도 보람을 느낄 수 있는 일이다.

자원 봉사는 각기 그 소질을 따라 참여할 수 있고, 시간도 부분적으로 활용할 수가 있다. 자원 봉사에는 은퇴가 없다. 자신이 할 수 있는 일들을 찾아 열심히 봉사하는 모습은 아름다운 정경이다. 사회 각 분야에서, 교회에서, 이런 자원 봉사 운동이 일어날 때에 작은 정성이 모여 큰 사랑을 만들어 내고 건강한 공동체를 건설해낼 것이다.

미국 백악관의 공식적인 크리스마스트리에는 5.6미터의 전나무에 1,411개의 장식물과 1만 500개의 전구가 달려 있다. 이 밖에서도 백악관 뜰과 실내에 37개의 크리스마스트리와 1,120개의 꽃 장식, 324개의 화환들이 있다.

그런데 이 모두는 12월 초가 되면 4일 동안 열정적으로 이 일에 매달리는 자원봉사자들에 의해 장식된다고 한다. 크리스마스 시즌마다 그런 아름다운 손길들이 모아진다면 과거의 소중한 추억뿐만 아니라 다가오는 새해의 평화와 기쁨을 미리 맛보게 될 것이다.

크리스마스에 대해 생각할 때, 빼놓을 수 없는 풍경이 새벽송이다. 요즘은 삶의 환경이 많이 도시화되어서 새벽송의 낭만은 많이 퇴색되었다. 그러나 개교회적인 이 운동을 지역마다 네트워크를 형성하여, 어떤 공원이나 로터리에 모여서 미리 캐럴 발표회를 가지고 각 동네마다 초교파적인 찬양과 기도의 행진을 이어간다면 교회의 연합된 모습과 지역 사회를 사랑하고 관심 갖는 모습을 묶어서 보여 줄 수 있을 것이다.

가까운 곳의 몇 교회들이 연대해서 새벽송 문화를 전승 개발해 간다면 그 자체로도 도시를 돌며 이 땅을 고치고, 부흥을 이루는 귀중한 발걸음이 될 것이다. 壎

미국 백악관의 공식적인 크리스마스트리에는 5.6미터의 전나무에 1,411개의 장식물과 1만 500개의 전구가 달려 있다. 이 밖에서도 백악관 뜰과 실내에 37개의 크리스마스트리와 1,120개의 꽃 장식, 324개의 화환들이 있다. 그런데 이 모두는 12월 초가 되면 4일 동안 열정적으로 이 일에 매달리는 자원봉사자들에 의해 장식된다고 한다.

7

말씀과 진리 성경 안에 인생이 있다

마음이 뜨겁지 아니하더냐

저희가 서로 말하되 길에서 우리에게 말씀하시고 우리에게 성경을 풀어

주실 때에 우리 속에서 마음이 뜨겁지 아니하더냐 하고(눅 24:32).

예수님은 인류를 죄에서 구원하시고자 십자가에 못 박혀 죽으시고 3일 만에 다시 살아나셨다. 그래서 구속 사역을 온전히 성취하셨다. 그러나 부활하신 주님과는 대조적으로, 예수님의 제자 중에 아직 이 부활의 소식을 듣고도 믿지 않은 두 제자가 있었다.

그들은 낙심하여 슬픈 기색을 하고는 엠마오라고 하는 시골로 내려갔다. 패배감, 실패감에 사로 잡혀 어깨를 축 늘어뜨리고 냉랭한 가슴으로 터벅터벅 시골길을 걸었다. 그 모습 속에 인생의 내리막길을 가고 있는 현대인들의 자화상을 보게 된다.

그들의 이러한 모습은 무슨 연고에서였을까? 그것은 그들이 주님을 오해했기 때문이다. 그들이 기대한 예수님의 모습은 십자가 지시고 힘없이 죽으시는 것이 아니었다. 흔히 슈퍼맨 신드롬이 있는 사람일수록 더 쉽게 낙담한다고 한다. 그들은 엠마오도상에서 부활해 나타나신 예수님을 만나고도 예수님이신 줄 알지 못한 것도 이런 연유에서다.

그들이 기대한 예수님은 말과 일에 능한 선지자, 그래서 로마

의 군대를 물리칠, 이스라엘을 구속할 자였다. 그러나 그들에게 보이신 주님의 모습은 힘없이 죽어버리신 모습이었다. 기대가 무너지면서 그들에게 찾아온 것은 심한 실패감과 패배감이었던 것이다. 그래서 그들은 부활의 소식을 듣고도 믿지를 않았다. 단지 예수님의 빈 무덤을 보고 그 사실을 전한 여인들이 자기들을 놀라게 하였다고 했다.

> 실패를 딛고 일어나 큰 성공을 거둔 사람들은 하나같이 불과 같은 열정을 소유한 사람들이었다. 한없는 소망을 가지고 살아가는 저력의 사람은 모두 뜨거운 열정을 가진 자들이었다. 소원과 은사가 불일 듯 일어나야 크게 쓰임을 받는다.

그런 그들의 머릿속은 멍해졌고 가슴은 식어지고 영혼은 혼란스러웠다. 그래서 예수님은 그들을 향해 "미련하고 선지자들의 말한 모든 것을 마음에 더디 믿는 자들이여" 하시며 "그리스도가 이런 고난을 받고 자기의 영광에 들어가야 할 것이 아니냐"고 하셨다. 모든 성경에 쓴 바, 자기에 관한 것을 자세히 설명하셨다. 더디 믿는 것이 그들의 문제였다. 그런 그들을 예수님은 어떻게 대하셨는가?

먼저 예수님은 두 제자와 함께 동행해 주셨다. 낙망하여 인생 내리막길을 가고 있는 그들에게 찾아와 주셔서 그들과 함께 해 주신 것이다. 실패하여 공동체에서 이탈한 그들이었지만 주님은 그들을 버리지 아니하셨다.

다음으로 그들에게 말씀을 풀어 설명해 주심으로 그들을 깨우쳐 주셨다. 그러자 어떠한 일이 일어났는가? 그들의 마음이 뜨거워졌다. 실패를 딛고 일어나 큰 성공을 거둔 사람들은 하나같이 불과 같은 열정을 소유한 사람들이었다. 한없는 소망을 가지고 살아가는 저력의 사람은 모두 뜨거운 열정을 가진 자들이었다. 소원과 은사가 불일 듯 일어나야 크게 쓰임을 받는다. 엔진은 연료가 연소되면서 일어나는 불의 힘에 의해 작동된다. 그 엔진으로부터 전달된 동력이 모든 기계를 움직이듯 가슴 속에 불이 있는 사람이 무슨 일이든 감당해 낼 추진력을 갖게 되는 것이다.

현대인은 누구나 스트레스, 강박을 주는 두려움 속에 살아간다. 그러한 것들이 현대인의 가슴을 식어지게 하는 것이다. 그러나 그러한 것들을 은혜 안에서 극복할 때 주어지는 평강은 우리를 따뜻한 사람, 따뜻한 분위기를 연출하는 사람으로 만들어 준다.

이러한 평강이 엠마오의 두 제자에게 있게 된 것은 그들이 예수님을 붙잡았기 때문이다. 그들은 예수님께 강권하여 함께 유(留)하시기를 청했다. 유하러 들어간 곳에서 예수님은 '저희와 함께 음식을 잡수실 때 떡을 가지사 축사하시고 떼어서 저희에게 주었고 그때 그들의 눈이 밝아지게' 된 것이다.

그제야 그들은 예수님을 알아보게 된 것이다. 더디 믿어 낙망하고 뒷걸음치던 엠마오의 두 제자는 부활하신 주님을 만나고서야 머리에는 지혜를, 가슴에는 열정을, 영혼에는 평강을 맞았다.

마음 따뜻한 사람을 찾기 힘든 오늘날, 많은 사람이 주님을 만

나 마음이 뜨거워지는 은혜를 입기 바란다. 壎

엔진은 연료가 연소되면서 일어나는 불의 힘에 의해 작동된다. 그 엔진으로부터 전달된 동력이 모든 기계를 움직이듯 가슴 속에 불이 있는 사람이 무슨 일이든 감당해 낼 추진력을 갖게 되는 것이다.

멈춤, 버림, 기다림의 지혜

예수께서 눈을 들어 제자들을 보시고 가라사대 가난한 자는 복이 있나니
하나님의 나라가 너희 것임이요(눅 6:20).

사람들이 소음과 분주함과 군중 속에서 지쳐있다. 많은 일을 시도하지만 성취하는 일은 적다. 많은 일을 하는 것 같은데 열매는 적다. 큰일을 성취한 것 같은데 공허하다.

숲 속에 있으면 숲을 볼 수 없지만 숲 밖을 나오면 숲을 볼 수 있다. 현대인들은 때때로 분주한 삶의 현장에서 나와 자신을 돌아보는 시간을 가져야 한다. 숲 밖을 나와 숲을 보는 것처럼, 삶의 현장에서 잠시 나와 자신을 돌아보는 것은 지혜이다. 많은 사람들이 뭔가를 하지 않고 가만히 있는 것을 불안해하는데, 그래서 일을 계획하고, 일을 만들고, 일속에 파묻히기도 하지만, 그러나 그럴 때 잠시 멈출 수 있는 것도 지혜이다.

멈출 때 보게 된다. 열심히 뛰기만 하면 볼 수 없다. 잠시 멈추어 바라보면 우리가 너무 소중한 것들을 보지 못한 채 살고 있음을 깨닫게도 된다. 멈출 때 삶의 방향을 점검하고, 삶의 속도를 점검하게 되고, 또한 우리가 어디로 가야할 것인지를 전망하게 된다. 그런 까닭에 멈춤은 낭비가 아니라 값진 투자이다. 이 계절이 가기 전에 가족과의 친밀한 사랑을 위해, 심신의 재충전을 위해, 우리 영혼이

기름진 것으로 즐거움을 누릴 수 있도록 잠시 멈추는 시간을 가져 보라.

> 멈출 때 삶의 방향을 점검하고, 삶의 속도를 점검하게 되고, 또한 우리가 어디로 가야할 것인지를 전망하게 된다. 그런 까닭에 멈춤은 낭비가 아니라 값진 투자이다.

바닷가재는 성장하기 위해 때로는 껍질을 벗어버려야 한다. 껍질은 외부로부터의 상처에서 자신을 보호해 주지만, 가재는 성장할 때마다 옛 껍질을 포기해야만 한다. 만약 포기하지 않으면, 옛 껍질은 곧 가재의 감옥이 되고 마침내는 관이 될 것이다. 바닷가재가 견디기 힘든 기간은 단지 낡은 껍질을 벗고 새 껍질을 형성할 때까지의 짧은 기간 동안이다. 상처를 입기 쉬운 이 기간 동안 바닷가재는 분명히 두려울 것이며, 낡은 껍질은 단지 잠시 이 기간 동안에만 아쉽게 여겨질 뿐이다.

우리도 가재와 그리 다르지 않다. 변화하고 성장하기 위해 우리는 때때로 그동안 의존해 온 우리의 껍질 즉, 구조나 외형을 벗어버려야 한다. 우리도 가재처럼 새 껍질은 좋아하지만, 새 껍질을 얻기까지의 과정은 싫어한다. 버림과 비움이 없이는 성장도, 성숙도 없다. 바닷가재가 성장하기 위해 옛 껍질을 포기해야 하는 것처럼 우리에게도 지속적인 성장과 풍성함, 성숙을 위해 껍질을 벗는 훈련이 필요하다.

현대인들이 잘 못하는 것이 있다면 바로 기다리는 것이다. 초고속 인터넷 시대를 앞서가고 우리네에게 외국인들이 우리나라에서 가장 먼저 배우는 문화가 빨리빨리 문화라고 한다. 그만큼 우리나라 사람들이 문화에서나 성정에서 매우 급하고 빠르다는 것이다. 그러나 가장 소중한 것은 기다림을 통해 주어진다. 곡식이 익고, 과일이 무르익는 것은 기다림의 결과이다. 맛을 더하고 멋을 더하는 것은 기다림이다. 하나의 명품이 탄생하기 위해서는 오랜 시간동안 장인들의 노력과 열정이 필요하고, 깊은 장맛이 우러나오기 위해서는 몇 년간의 숙성과정이 필요하다. 기다림은 고통이지만 동시에 축복이고 환희이다. 아직도 성취되지 않은 소원이 있다 할지라도, 아직도 응답받지 못한 기도가 있다 할지라도 낙심하지 말기 바란다. 오랜 기다림 속에서 성취되는 소원이, 오랜 기다림 속에서 응답받게 될 기도가 더욱 값진 선물이 될 것이기 때문이다. 壎

버림과 비움이 없이는 성장도, 성숙도 없다. … 가장 소중한 것은 기다림을 통해 주어진다.

세미하신 하나님과 세부 지침

여호와는 자비로우시며 은혜로우시며 노하기를 더디 하시며 인자하심이 풍부하시도다 항상 경책지 아니하시며 노를 영원히 품지 아니하시리로다 우리의 죄를 따라 처치하지 아니하시며 우리의 죄악을 따라 갚지 아니하셨으니 이는 하늘이 땅에서 높음 같이 그를 경외하는 자에게 그 인자하심이 크심이로다 동이 서에서 먼 것 같이 우리 죄과를 우리에게서 멀리 옮기셨으며 아비가 자식을 불쌍히 여김 같이 여호와께서 자기를 경외하는 자를 불쌍히 여기시나니 이는 저가 우리의 체질을 아시며 우리가 진토임을 기억하심이로다 (시103:8-14).

성경에 나타난 하나님의 모습은 다양하다. 위대하신 하나님, 심판의 하나님, 자비로우신 하나님, 공의로우신 하나님, 거룩하신 하나님 등. 하나님은 세미하시기도 한 분이다.

엘리야가 낙담하고 있을 때 하나님은 불 가운데나 강한 바람이나 지진 가운데 나타나시지 않았다. 세미한 소리로 나타나셨다. 지치고 우울해 있을 때 위대하신 하나님으로만 나타나셨다면 엘리야는 더 큰 충격에 빠졌을지도 모른다. 그러나 지친 엘리야에게 하나님은 속삭이듯이 세미한 소리로 오셔서 그를 소생시키셨다.

신약성경 탕자의 비유에 나오는 아버지도 엄격하고 권위적인 아버지 모습이 아니다. 다정하고 자상한 모습으로 비쳐진다. 아들로서의 체면치레도 못하고 거지같이 돌아온 자식에게 아버지는 한 마디 꾸중이나 사실 확인도 없이 그냥 안아 주고 파티를 열어 주며, 아들을 얼싸안는다.

라디오에서 매주 가족 프로그램을 진행하면서 느낀 것 중에 하나는, 좋은 가정은 대체로 아버지가 자상하고 섬세한 가정이라는 것이다. 아버지의 성격이 온화하고 세밀하니까 대화가 가능하고 가족 구성원에 대한 배려가 많고 수용성이 강해서 가장으로서 집안 분위기를 따뜻하게 만들어주기 때문이다.

> 하나님은 잘 잊어버리고 쉽게 방황을 하는 이스라엘 백성들에게 구약성경에 613가지의 율법을 주셨다. 하나님의 백성들이 어떻게 살아가야 될지 생활 지침을 자세히 제시해 주셨다. '교양' 이라는 헬라어의 의미도 세부 지침이 많다는 말이다.

이와 같은 원리는 인간관계에서도 그대로 적용된다. 화를 내고 다그치는 관계가 아니라 좀더 섬세한 감각과 세밀한 배려가 얼마나 필요한지 모른다. 바쁘고 피곤하니까 사람을 성급하게 판단하고 그냥 화를 벌컥 내거나, 인정사정없이 몰아칠 때가 있다. 그러나 진짜 몰라서 못하는 수도 있고, 역량이 부족해서 못할 수도 있다. 그럴 때는 꾸중만 하지 말고 자세히 조목조목 가르쳐 주는 것이 진짜 어른의 모습이다. 안 될 때 책망만 하면 더 못할 것이다. 구체적으로 세부 지침을 가지고 가르쳐 주는 자상함이 성숙한 사람의 모습이다.

하나님은 잘 잊어버리고 쉽게 방황을 하는 이스라엘 백성들에게 구약성경에 613가지의 율법을 주셨다. 하나님의 백성들이 어떻게 살아가야 할지 그야말로 생활 지침을 자세히 제시해 주셨다. '교양' 이라는 헬라어의 의미도 세부 지침이 많다는 말이다. 우리의 삶이 얼마나 규모 있고, 치밀한지 늘 자신을 되돌아봐야 한다. 지침을 놓고 말이다.

하나님은 나 한 사람에 대한 놀라운 계획을 가지시고 빈틈없이 이끄시고 세밀하게 섭리해 주신다. 감당치 못할 시험을 허락지 않으시고 피할 길을 내시기도 한다. 성경을 읽어 보라. 창세기부터 신비롭고도 알뜰한 천지창조가 나오고 아브라함을 소명하셔서 한 사람을 복의 근원으로 만드셔서 이름을 창대케 하시고 큰 민족을 이루어 가신다. 광야에서 이스라엘 백성들에게 구름기둥으로 하늘 덮개를 만들어 주시고, 만나로 하늘 양식을 먹이시며, 이른 비로 늦은 비로 때를 따라 은혜를 주셨다.

독생자를 보내셔서 고난의 길로 세상 죄를 지고 가는 어린양처럼 내몰았다. 자비로우신 하나님의 마음이 얼마나 아프셨을까? 사랑이 많으신 하나님은 비교할 수 없는 세미한 마음으로 우리를 이끄신다. 壎

지나침(over)을 버리라

욕심이 잉태한즉 죄를 낳고 죄가 장성한즉 사망을 낳느니라(약 1:15).

사람마다 목표를 가지고 열심히 살아가는데, 그럼에도 계속해서 실패를 하고 목적을 이루지 못하는 이유는 뭘까? 여러 가지 요인이 있겠지만 그 중에 하나가 현실보다 생각이 앞서기 때문이다.

역대 대통령들의 비서관을 잇달아 역임했던 한 사람의 고백을 들었다. 그는 전두환, 노태우, 김영삼, 세 명의 전 대통령들이 실패한 데에는 '지나친 자신감(over confident), 지나친 욕심(over ambitious), 지나친 의욕(over committed)'에 원인이 있다고 했다. 과유불급(過猶不及), 즉 지나침은 모자람만 못했다는 뜻이다.

> 자신의 한계를 알고, 자신의 약점을 솔직히 인정할 수 있는 것이 실패하지 않는 방법의 시작이다.

부모의 지나친 관심이 과보호가 될 때는 차라리 고아로 자란 아이보다 못하다는 말이 있다. 과로가 만병의 원인이 되고 과식과 과음이 문제가 된다. 지나친 자신감은 자기 중심적인 생각을 할 수밖에 없기 때문에 자만과 교만에 빠져서 다른 사람들의 이야기를 듣지 않는 독선과 아집으로 흐르게 한다.

자신의 한계를 알고, 자신의 약점을 솔직히 인정할 수 있는 것이 실패하지 않는 방법의 시작이다. 지나친 욕심은 무리를 자초할 수밖에 없도록 일을 만든다. 욕심이 앞서고 실력이 안 되는 사람들 중에는 편법이나 탈법을 사용해서라도 목적을 성취하려고 무리수를 두는 이들이 있다. 욕심이라는 것이 어디 체면이나 형식이 있는가? 노탐이 더 무섭다고 할 만큼 나이가 들어도 욕심은 끝이 없고 소위 성공을 해도 욕심은 끝 간 데 없이 나가니 문제이다.

성경은 욕심이 잉태하여 죄를 낳는다고 했다. 지나친 의욕은 현실 감각을 잊어버리게 하므로 문제가 된다. 의욕은 대단하지만 자기 현실을 냉정하게 인정하지 않고 덤비기만 하면 안 된다. 의욕은 앞서고 수준과 능력이 안 되면 말만 앞서는 이상주의자가 되고 만다. 현실감 없고 현장감 없는 이상주의자는 삶의 실제가 결여되어 있기 때문에 허황될 수밖에 없다. 지나친 자신감과 지나친 의욕은 자신의 한계를 망각한 만용이요, 인생의 거품이다. 현실에서 자족할 줄을 모르게 하고 정신적으로 브레이크가 고장난 자동차와 같다.

성경은 가난한 자가 복이 있고, 주린 자가 복이 있다고 가르친다. 주리고 궁핍한 자가, 자기보다 남을 낫게 여기는 마음을 갖고 여유가 있고 수용성이 있기 때문이다. 그래서 큰 욕심과 큰 좌절보다도 정직한 생각과 착실한 행동이 낫다.

하나님은 아브라함이 '본토 친척 아비 집', 즉 평안과 안식, 부가 있는 곳을 떠날 때 복의 근원이 되는 복을 주셨고, 아브라함이 단 하나뿐인 혈육 조카 롯을 떠나보냈을 때 동서남북, 종과 횡으로 복을 주셨다. 그리고 독자 이삭을 기꺼이 드리려고 했을 때 여호와 이레의 복을 주셨다. 버릴 줄 아는 것이 능력인 것은 이렇듯 욕심 없는 마음이 종래 축복을 부르기 때문이다. 壎

성경은 욕심이 잉태하여 죄를 낳는다고 했다. 지나친 의욕은 현실에서 자족할 줄을 모르게 하고 정신적으로 브레이크가 고장난 자동차와 같다.

인생의 모래시계

정직한 자의 성실은 자기를 인도하거니와 사특한 자의 패역은 자기를 망케 하느니라(잠 11:3).

무엇이든 아낄 줄 아는 사람은 아끼는 것의 소중함을 안다. 돈을 아끼는 사람은 돈의 소중함을 알고, 사람을 아끼는 사람은 사람의 소중함을 알며, 건강을 아끼는 사람은 건강의 소중함을 안다. 시간을 아끼고 잘 관리하는 사람은 시간의 소중함을 안다.

'시간은 돈이다, 시간을 아껴라' 고들 하지만 시간은 결코 아낄 수 없다. 시간은 반드시 써야 한다. 다만 문제는 어디에 어떻게 쓸 것인가를 순간순간 결정하는 데 있다. 우리에게 주어진 시간은 한정되어 있기 때문에 시간을 쓸 때에는 전략이 필요하다. 영화나 드라마를 촬영할 때는 NG가 나면 다시 찍을 수 있지만 인생 드라마는 NG가 나도 거기에 대한 대가를 치르며 계속 가야 한다.

우리는 소중한 일에 시간을 투자해야 하고, 시간을 잘 관리해야 한다. 시간을 잘 관리하는 것은 인생을 잘 관리하는 것이다. 인생을 잘 관리하는 것은 돌이킬 수 없는 과거에 집착하지 않는 것이며, 미래를 잘 준비하는 것이다. 미래를 잘 준비하는 것이 지혜이다. 미래를 잘 준비하는 사람만이 충만한 현재 속에 살게 되므로 시간관리는 미래관리이다.

태어날 때부터 우리의 인생은 모래시계와 같다. 우리는 살기 위해 밥을 먹는 것 같지만 실은 점점 죽음에 가까이 접근하며 살아간다. 아이가 커가는 것 같지만 실은 요람에서 무덤으로 이동하고 있는 것이다. 영원히 살 것 같지만 부요한 자에게나 가난한 자에게, 잘난 자에게나 못난 자에게나 시간은 공평하게 흘러간다.

무대 위에 올라간 배우가 언젠가는 그 무대에서 내려와야 한다는 것을 알아야 하듯 새해 첫 하루를 시작한 사람은 한 해의 마지막을 바라보아야 한다. 6월이 시작되었다는 것은 한 해의 전반전이 끝나간다는 것을 의미한다. 전반전의 스코어보다 중요한 것은 후반전의 스코어이다. 전반전에는 아무것도 모르고 열정으로 뛰었다면 후반전에는 방향을 제대로 잡고 지혜롭게 뛰어가야 할 것이다.

> 우리는 살기 위해 밥을 먹는 것 같지만 실은 점점 죽음에 가까이 접근하며 살아간다. 아이가 커가는 것 같지만 실은 요람에서 무덤으로 이동하고 있는 것이다.

초심을 가지고 산다는 것은 말하기는 쉬워도 행하기는 어려운 것이다. 처음 먹은 마음을 평생 간직하며 산다는 것은 고귀한 일이다. 우리는 계속 성장하고 변화해야 하지만 우리 마음의 태도는 처음과 같이 겸손하고 소박한 마음의 태도를 갖도록 해야 한다. 초심이란 늘 배우는 자세로 살아가는 것이며, 열린 마음으로 살아가는 것이며, 겸손한 마음으로 시작할 때 가졌던 겸허한 마음을 늘 갖고 사는 것이다.

초심이란 항상심(恒常心)으로서 한결같은 마음으로 하나님을 섬기고 이웃을 섬기는 것이다. 다니엘처럼 위기를 만났을 때에도 '전에 행하던 대로' 하는 것이다. 마더 테레사는 "하나님은 우리 모든 사람이 성공하라고 부르지 않으셨다. 그러나 하나님은 모든 사람이 성실하라고 부르셨다."고 했다. 초심이란 성실한 마음이다. 조급함과 교만을 경계하고 남은 시간을 초심을 품고 전진하는 것, 그것이 인생 승리의 비결이다. 壎

초심이란 성실한 마음이다. 조급함과 교만을 경계하고 남은 시간을 초심을 품고 전진하는 것, 그것이 인생 승리의 비결이다.

고난당함이 내게 유익이라

고난당한 것이 내게 유익이라 이로 인하여 내가 주의 율례를
배우게 되었나이다(시 119:71).

사람은 누구나 고난을 싫어한다. 더구나 그 고난을 당한다는 입장이 되는 것은 더욱 싫은 것이다. 강요받고 지시, 억압받는 것을 싫어한다. 그러나 시편 기자는 '고난당하는 것이 내게 유익한 것이 되었다'(시 119:67-71)고 노래했다. 고생 끝에 낙이 있고, 고난과 억압 · 스트레스를 어떻게 처리하느냐에 따라서 그 결과가 달라질 수 있기 때문이다.

미련한 사람이나 지혜로운 사람이나 모두에게 고난은 찾아온다. 각자 당해야 할 고난이 있다. 그러나 지혜로운 사람은 고난이 올 때 예방하거나 대처하고, 맞닥뜨렸을 때도 지혜롭게 넘어간다. 그래서 결국 고난을 유익(有益)으로 만든다.

사는 것 자체가 고통이다. 10원짜리 하나 공짜가 없는 세상이다. 어렵고 힘든 시대를 모두가 살아가고 있다. 스트레스의 연속이다. 그러나 그 스트레스를 받고 타인에게 화풀이를 한다거나 짜증을 내어서 부담을 주고 고통을 주는 사람이 있는가 하면 그렇지 않은 사람, 타인으로 하여금 스트레스를 극복할 용기와 힘을 주는 인격자도 있다.

어떤 이는 고난이 그 사람에게 유익하게 작용하여 가난한 농부의 아들이 대통령이 되기도 한다. 순기능적으로 처리하면 고난도 유익이 되나, 고난을 받고 타인을 원망하고 세상을 한(恨)하면 공격적인 사람이 되고 이내 화근을 만드는가 하면, 불행에 빠지고 마는 것이다.

> 미련한 사람이나 지혜로운 사람이나 모두에게 고난은 찾아온다. 각자 당해야 할 고난이 있다. 그러나 지혜로운 사람은 고난이 올 때 예방하거나 대처하고, 맞닥뜨렸을 때도 지혜롭게 넘어간다. 그래서 결국 고난을 유익(有益)으로 만든다.

시편 119편의 시인은 67절에서 “고난당하기 전에는 내가 그릇 행하였더니 이제는 주의 말씀을 지키나이다”라고 고백한다. 고난당하기 전에 그릇 행하지 않고 주의 말씀을 지키면 얼마나 좋은가? 그런 사람이 지혜로운 사람이다. 그러나 영적으로 미숙할수록 고난당하기 전에는 그릇 행하기 마련이다. (시편 기자도 그랬다고 하지 않는가?) 그러다가 하나님이 고난을 통해 징계하시면 그제야 깨닫게 되는 것이다. 그러나 그전에 깨닫게 된다면 얼마나 좋을까?

시인은 이어서 68절에 “주는 선하사 선을 행하시오니 주의 율례로 나를 가르치소서”라고 기도한다. 징계하시기 전, 좋은 말로 가르쳐 주실 수 있을 때, 그때 깨닫게 해 달라는 것이다. 영적으로 우둔한 자는 징계 후에도 깨닫지 못하지만 그 후에라도 깨닫는다면 유익이라는 것이다.

시인이 고난당하는 것이 내게 유익이라고 한 것은 "이로 인하여 내가 주의 율례를 배우게"(71절)되었기 때문이다. 세월 속에 연단되고 나면 과거 어느 장로님이 기도했던 기도의 한 소절, 연로한 성도들로부터 어릴 적 들었던 찬송 한 소절의 의미가 깨달아지게 된다. 이후 생활의 기준이 선명해진다.

그릇된 생각을 하고 거짓에 미혹되는 것은 그 안에 메시지, 곧 율례가 없기 때문이다. 그래서 방황하는 것이다. 죄의 유혹은 항상 먹음직하고 보암직하고 탐스러운 것으로부터 온다. 주의 율례가 없으면 끌리는 대로 하게 된다. 그러나 고난을 통해 그 대가를 배운 자는 그럴 때 흔들리지 않는다.

고난당하는 것이 내게 유익이라고 한 것은 "이로 인하여 내가 주의 율례를 배우게"(71절)되었기 때문이다. 세월 속에 연단되고 나면 과거 어느 장로님이 기도했던 기도의 한 소절, 연로한 성도들로부터 어릴 적 들었던 찬송 한 소절의 의미가 깨달아지게 된다. 이후 생활의 기준이 선명해진다.

교만한 자는 어떤 자인가? 주의 율례, 즉 진리를 자기 고집으로 착각하는 자이다. 그러기에 그들은 거짓을 일삼는 것이다. 시인은 그런 "교만한 자가 거짓을 지어" 자기를 치려 하였지만 "전심으로 주의 법도를 지켰다고 한다. 주의 법도를 지킬 때, 거짓으로 치려하는 교만한 자에게 넘어가지 않게 된다.

고난을 당할 때 성도는 어떻게 해야 하는가? 야고보서 5장 13절에서 사도는 "너희 중에 고난당하는 자가 있느냐? 저는 기도할 것이요. 즐거워하는 자가 있느냐? 저는 찬송할지니라."고 하였다. 그와 같은 삶이 성도(聖徒)의 삶이요, 그런 성도는 고난을 당해도 그것이 유익이 되는 것이다. 壎

탁월한 선택

많은 재물보다 명예를 택할 것이요 은이나 금보다 은총을 더욱 택할 것이니라(잠 22:1).

인생은 선택과 결정의 연속이다. 순간의 판단이 10년을 좌우하기도 한다. 모든 것은 자기가 판단하고 결정한다. 신앙생활에는 선택과 집중이 중요하다. 이스라엘 백성들은 하나님과 바알을 선택하며 살았다. 신앙생활은 뒤의 것은 잊어버리고 푯대를 향하여 늘 앞으로 나아가는 것이다. 얽매이기 쉬운 것과 모든 무거운 것을 벗어버리고 달려가는 것이다.

내가 무엇을 선택하지만 나중에는 그것이 나를 좌우하고 끌고 가게 된다. 사람이 술을 마시지만 나중에는 술이 사람을 마신다고 하지 않는가. 그래서 포기할 것은 빨리 포기하고 붙잡아야 할 것은 때를 놓치지 않고 붙잡는 것이 지혜로운 일이다.

인생은 유한하며 연약하기 때문에 어차피 모든 일을 동시에 수행할 수 없다. 그러므로 포기와 선택, 결단과 집중은 성공적인 인생에 있어서 매우 중요한 일이다. 복 있는 사람은 악인의 꾀를 좇지 않고 죄인의 길에 서지 않고 오만한 자의 자리에 앉지 않는다. 한마디로 분별력이 있고 위치 선정이 뛰어나다. 성공적인 사람은 예견력과 통찰력이 뛰어나다. Insight와 Foresight가 있다. 공부를 잘하는 학생은 선생님의 출제의도를 간파하고 예상문제를 적중한다. 축구를 잘하는 선수는 거의 동물적인 감각과 센서를 가지고 공의 흐름을 미리 읽고 위치선정이 탁월하기 때문에 결정적인 순간을 맞이하고, 마침내 스트라이커, 골케터가 된다.

성공하는 사람은 분명한 우선순위를 갖고 있다. 무엇을 먼저 해야 할 지에 대해 탁월한 판단을 한다. 그래서 은사의 한계에서 망설이지 않는다. 포기할 것은 미련 없이 포기하고, 먼저 구할 것을 구하며 불필요한 곳에 집중해서 힘을 낭비하지 않는다. 전력을 극대화 한다.

그럼 무엇을 택해야 할까? 잠언 22장 1절에서는 먼저 선택할 것의 기준을 다음과 같이 제시하고 있다.

"재물보다 명예를 택할 것이요, 은이나 금보다 은총을 더욱 택할 것이니라"

보통사람들의 첫 번째 선택 기준은 재물이다. 결국 얼마나 내게 유익하고 이득이 될까를 먼저 따진다. 사랑도, 효도도, 신앙도 물질과 상당한 관련을 갖는다. 사랑하는 일도 헌신과 대가 지불이 없이는 어렵다. 효도도 물질적 뒷받침 없이는 힘들 때가 많다. 신앙도 주머니가 회개해야 거듭나는 것이지 맘 따로 물질 따로 되면 어려워진다.

사람은 이권을 따라 움직이고 돈 때문에 죽기도 한다. 성경은 돈을 하나님과 같은 비교선상에 두고, 하나님과 돈은 겸하여 섬길 수 없다고 했다. 최근 중국에서 최고의 신이 '달러'라고 하는 말을 들었다. 사람들이 어떤 것도 용서해 주는데 돈과 관련한 문제에서는 여간해서 용서를 않는다. 그러나 돈 때문에 움직이는 사람은 보통 사람이든지 아니면 천박한 사람에 불과하다.

> 성공하는 사람은 분명한 우선순위를 갖고 있다. 무엇을 먼저 해야 할 지에 대해 탁월한 판단을 한다. 그래서 은사의 한계에서 망설이지 않는다. 포기할 것은 미련 없이 포기하고, 먼저 구할 것을 구하며 불필요한 곳에 집중해서 힘을 낭비하지 않는다. 전력을 극대화한다.

두 번째 선택기준은 명예다. 사람은 자존심이 상하거나 명예에 손상 입는 것을 못 참는다. 자기 이름과 가문의 영광, 조국을 위해 목숨을 초개 같이 버리는 사람도 있다. 목적이 선명한 삶을 지향하는 사람들이다.

그러나 무엇보다 가장 탁월한 선택기준은 은총을 택하는 것이다. 은총이라는 단어는 사랑받을 자격이 없는 자를 사랑하시는 하나님의 사랑을 의미한다. 나의 가능성, 나의 자랑보다 하나님의 은총을 택하는 것이 가장 중요하다. 노아, 다윗, 바울은 하나님의 은혜를 덧입고 은혜에서 떨어지지 않으려고 애를 쓴 사람들이다. 은총보다 물질과 자존심을 우선시하면 실패한다.

"은이나 금보다 은총을 더욱 택할 것이니라" 壎

천하를 새롭게 하는 여인들

이는 네 생명의 회복자며 네 노년의 봉양자라 곧 너를 사랑하며 일곱 아들보다 귀한 자부가 낳은 자로다(룻 4:15).

한때 TV 드라마 "여인천하"의 인기가 대단했었다. 1510년부터 50년 간에 걸친 조선시대 왕후와 후궁들의 이야기를 소개한 이 드라마는 한때 시청률 45.4%를 기록하기도 했다. 세 명의 여성이 공동 주연을 하고 주인공 전부가 여성인 것이 특징이었다. 일본 매스컴에까지 그 인기가 보도되고 드라마 유행어인 '뭬야~' 바람이 불었다.

성경 역사도 남성 위주로 기록이 되어 있다. 그러나 하나님은 성차별이 없으시다. …

기존의 역사 서술은 대부분 남성 위주로 되어 있다. 역사 속에서 여성들이 수행한 역할을 제대로 드러내 주지 못하고 있는 것이다. 그래서 여성들은 역사 속에서 별 볼 일 없는 존재로 배제되어 왔으며, 등장하는 경우에도 극히 한정된 경우에만 나타난다.

여성들은 이 땅의 역사를 지켜냈고 사회 발전의 밑거름이 되었으며, 척박한 환경에서 강인하고도 끈질긴 정신 세계를 형성하여 오늘에 이르렀다. 우리나라 근현대사에서도 각자 자신의 위치에 서서 치열하게 살았던 여성들이 많이 있다. 식민지 시대 독립을 위해 싸웠고, 소외된 이웃과 살아온 지도자들, 교육 활동가, 예술계에서 음악, 무용, 연극, 영화, 요리, 꽃꽂이, 전통 예술 작가 등으로 활약했던 여성들이 많다.

성경 역사도 남성 위주로 기록이 되어 있다. 왕, 선지자, 제사장, 사도, 제자들 등 대부분이 남성들이다. 그런데 성경을 자세히 보면 역사의 길목에서 결정적인 때에는 오히려 남성보다 여성의 역할이 소중하게 나타난다. 구약 창세기에 나타나는 족장들인 아브라함, 이삭, 야곱의 부인들을 살펴봐도 뚜렷한 특징들이 있다. 그들은 기다림을 통해 하나님의 약속이 이루어지는 것을 보았다.

사라는 아브라함이 100세 때, 리브가는 이삭이 60세 때에 자식을 얻게 된다. 잠시 사라가 기다리지 못하고 여종 하갈을 통해 얻은 이스마엘은 오늘날까지 중동 분쟁의 불씨가 되고 말았다. 레아의 남편 야곱은 처가살이만 20년 하였다. 남편 사랑을 못 받았던 레아는 하나님의 은총을 받고 그의 넷째 아들 유다가 구원 역사의 맥을 이어가는 축복을 받게 되면서 하나님의 공평하심을 증거 한다. 나라가 어지러웠던 사사시대를 종식시킨 사람은 뜻밖에도 여인들이었다.

여리고의 기생 라합은 믿음으로 정탐꾼을 평안히 영접하였으므로 순종치 아니한 자와 함께 멸망하는 것을 면하였고(히 11:31), 그의 인정사정없는 믿음으로 보아스를 낳게 된다. 그리고 룻은 시아버지, 남편, 시동생이 모두 죽어버린 가정에서 시어머니 나오미와 함께 '나의 하나님'을 모시고, 비록 이삭을 주워 먹으며 연명했지만 헌신적으로 살았다. 그러한 룻을 통해 보아스의 가정에 다윗이 태어나게 된다.

구약 역사에 위대한 인물 다윗에게 기름 부어 왕으로 세운 자가 사무엘이다. 사무엘의 모친인 한나는 자식을 못 낳아서 너무나 큰 고통을 겪었던 여성이다. 그러한 가슴에 한이 맺혀 있던 한나가 기도해서 낳은 자식이 사무엘이다. 이 사무엘이 다윗을 세워서 이스라엘의 혼란한 사사시대를 끝내고 다윗 왕조를 열어가게 된 것이다.

> 남편 사랑을 못 받았던 레아는 하나님의 은총을 받고 그의 넷째 아들 유다가 구원 역사의 맥을 이어가는 축복을 받았다. … 여리고의 기생 라합은 믿음으로 정탐꾼을 평안히 영접하였으므로 순종치 아니한 자와 함께 멸망하는 것을 면하였다. … 자식을 못 낳아서 큰 고통을 겪었던 한나가 기도해서 낳은 자식이 사무엘이다. … 성경은 룻을 '일곱 아들보다 귀한 자부'(룻 4:15)라고까지 기록하고 있다.

에스더는 고아로 자랐지만 누구에게나 사랑을 받았던 고운 여인이었다. 그녀는 여왕이 된 후 금식을 하고 '죽으면 죽으리라'며 초췌한 얼굴로 임금을 만나서도 선한 영향력을 끼쳐서 유대 민족을 구원하였다.

하나님은 성차별이 없으시다. 성경 속에 등장하는 여인들의 역사는 어두운 시대에 샛별처럼 빛난다. 그저 집안의 감정 다툼이나 일으키는 존재들이 아니라, 오히려 남성들이 못한 일들을 이루어 내어 천하를 새롭게 한 것을 볼 수 있다. 성경은 그래서 룻을 '일곱 아들보다 귀한 자부'(룻 4:15)라고까지 기록하고 있다. 천하를 새롭게 하는 여성들이 이 땅에서도 많이 일어났으면 한다. 壎

백합화는 찔릴수록 향기가 난다

구슬 꿰기

주 예수를 임대(?)

믿음이 없으면 의리라도

추억 남기기

선물의 명암

마음의 속도를 늦추자

세월의 향기를 느끼며 … 나의 늙음의 미학

좋은 만남, 좋은 관계

8

일상과 교훈 인생은 구슬 꿰기다

백합화는 찔릴수록 향기가 난다

너희 믿음의 시련이 불로 연단하여도 없어질 금보다 더 귀하여 예수 그리스도의 나타나실 때에 칭찬과 영광과 존귀를 얻게 하려 함이라(벧전 1:7).

명품에 대한 사람들의 관심이 대단하다. 백화점이나 면세점에서 명품 코너는 날이 갈수록 고객들이 몰리고 있다. 지나친 사치품을 구입하거나 분수를 모르고 살면 곤란하지만 명품은 많은 사람들이 탐낼 만큼 상품 가치가 있고, 멋이 나는 게 사실이다. 세탁을 하고 시간이 지날수록 명품은 테가 나고 비싼 만큼 값을 한다고 생각하기 때문에 사람들이 무리를 해서라도 최고를 찾는 것이 아닐까?

자동차에도 순정 부품이 좋다. 부품을 교체하거나 수리할 때 그저 싼 게 비지떡이라고 가격만 생각해서 수리하고 나면 곧 후회할 일이 생긴다. 불량품이나 중고품을 어찌 순정품과 비교할 수 있겠는가. 값이 비싸더라도 순정품을 사용해야 오히려 자동차 수명이 길어지고 안전 운행을 담보할 수 있다. 세월이 지나면 차라리 가격도 그게 나을 것이다.

한국 경제는 벌떼 근성이 있다고 어떤 기업인이 꼬집은 적이 있다. 어떤 것이 잘 되고 소문이 나면 사방에서 벌떼처럼 달려들어 과잉 생산을 하는 경우가 많아지는데, 그러다 보니 경쟁이 너무 치열해지고 결국 가격 경쟁을 무리하게 하다가 다같이 망한다는 것이다.

애써서 어떤 것을 개발하고 창안하면 복제품이나 유사품이 금방 쏟아져 나오니 허탈해지기도 쉽다. 복사품이 오히려 원제품을 능가할 만큼 포장을 해서 나오니 기가 막힐 노릇이다.

심는 대로 거둔다는 것이 성경의 가르침이다. 공짜는 없다는 것이 만고의 교훈이다. 그런데 사람들은 너무 공짜를 바라고, 때로는 거지 근성을 가지고, 심지도 않고 너무 많은 것을 거두려고 한다. 대가를 치르지 않고 단물만 빨아먹으려고 하는 사람들이 많다. 그러나 무임승차를 하려고 해서는 안 된다. 사람도 싸구려가 있고 고품격의 인격자가 있다.

> 심는 대로 거둔다는 것이 성경의 가르침이다. 공짜는 없다는 것이 만고의 교훈이다. … 정금은 수많은 담금질과 연단의 과정을 거쳐서야 순금으로 태어난다.

경건의 모양만 갖춘 유사품 인생이어선 곤란하다. 가짜가 아닌 진품이어야 한다. 말은 유수같이 하면서도 내용이 갖추어지지 않은 부실 인생이어서야 되겠는가. 정금은 수많은 담금질과 연단의 과정을 거쳐서야 순금으로 태어난다. 저질 인생, 품위 없는 사람, 공짜만 바라는 거지 같은 사람이 되어서는 안 된다.

기독교인들이 더 치사하고 옹졸하고 까다로운 사람이라는 말을 들어서는 안 된다. 성도는 예수님께서 피로 값 주고 사신 존재요, 그리스도의 향기이다. 원판이 하나님의 형상으로 만들어진 존재요,

빛이요, 소금이다. 가시밭의 백합화는 찔릴수록 향기가 난다. 壎

> 정금은 수많은 담금질과 연단의 과정을 거쳐서야 순금으로 태어난다. … 가시밭의 백합화는 찔릴수록 향기가 난다.

구슬 꿰기

진리를 좇는 자는 빛으로 오나니 이는 그 행위가 하나님 안에서 행한 것임을
나타내려 함이라 하시니라(요 3:21).

"사랑하는 자여 네 영혼이 잘됨같이 네가 범사에 잘 되고 강건하기를 간구하노라 형제들이 와서 네게 있는 진리를 증거 하되 네가 진리 안에서 행한다 하니 내가 심히 기뻐하노라 내가 내 자녀들이 진리 안에서 행한다 함을 듣는 것보다 더 즐거움이 없도다"(요삼 1:2-4).

사도 요한이 사랑하는 가이오를 위해 간구한 위의 내용은, 어쩌면 한 영혼에 대해서 저토록 깊은 애정을 가질 수 있을까 싶을 만큼 깊은 사랑이 묻어난다.

이 기도에는 인생이 추구하는 모든 소원이 다 들어 있는 듯하다. 우리는 모두 마음의 평안과 사업의 형통(亨通), 몸의 건강과 자녀들이 바르게 성장하는 것을 모두 갈망하기 때문이다.

그러나 "구슬이 서 말이라도 꿰어야 보배"라는 말이 있듯이 이러한 바람들이 서로 조화되고 연결되는 것이 중요하다. 그리고 이같이 보배로운 것들이 하나로 꿰어지게 하는 것을 간구(懇求)라고 한다. 서신을 쓰는 사도 역시 이러한 복들이 구슬 꿰듯 꿰어져서 하나되고 조화되기를 간구하고 있다.

스트레스 많고 고난 많은 이 세상을 살아가는 데에는 맑은 정신과 고요한 마음, 강한 정신력이 필요하다. 영(靈)이 육(肉)을 이겨야 하는 것이다. 겉 사람은 후패하나 속사람은 날로 새로워져야 한다.

하는 일마다 잘 풀리면 얼마나 신나겠는가? 사업이 성공하는 것도 사람마다 모두 바라는 바일 것이다. 사람이 한평생 경제 활동을 하는 한은 경제적인 복도 중요하다.

몸의 건강도 중요하다. 사랑하고 싶어도 몸이 건강해야 할 수 있다. 몸이 약해지면 만사가 귀찮은 법이다. 몸이 가볍고 상쾌할 때 마음에 여유도 찾아온다.

그러나 영혼의 복, 건강의 복, 경제생활의 풍요 못지않게 중요한 것은 하나님의 자녀로서 진리 안에서 행하는 것이다. 진리 안에서 행하게 될 때, 우리의 영혼이 맑아지고, 물질이 따라 오고, 몸도 건강해진다.

> 모든 부모는 자녀들이 잘 되기를 바란다. 바르게 자라기를 바라고, 인생을 슬기롭고 강하게 헤쳐 나가기를 원할 것이다. 그러려면 세상적인 그 무엇을 공급하는 데만 급급할 것이 아니라, 우리 자녀들이 진리 안에서 행하도록 가르쳐야 할 것이다.

자라나는 세대들이 체격은 좋은데 체력은 약하다는 말이 많은데 기우만은 아닐 것이다. 양육과 사육은 다른데 우리의 자녀들을 주의 교양과 훈계로 양육하지 않고, 그저 사육하듯 잘 먹여 놓기만

하면, 그 자녀는 인생을 감당할 힘을 얻을 수 없게 되는 것이다.

모든 부모는 자녀들이 잘 되기를 바란다. 바르게 자라기를 바라고, 인생을 슬기롭고 강하게 헤쳐 나가기를 원할 것이다. 그러려면 세상적인 그 무엇을 공급하는 데만 급급할 것이 아니라, 우리 자녀들이 진리 안에서 행하도록 가르쳐야 할 것이다. 성공보다는 성실을, 성공보다 성별된 생활을 가르쳐야 한다.

구슬이 하나하나일 때에는 볼품이 없어 보이지만, 꿰어 놓으면 아름다운 목걸이가 된다. 자녀가 지금 비록 부족해 보이더라도 구슬 꿰듯 아름답게 연결되어 합력해 선을 이루도록 기도하라. 주께 간구하고 진리 안에서 행하는 사람은 결국 모든 상황들이 서로 연결되어 아름다운 작품이 되는 것을 목도(目睹)할 것이다.

성공보다는 성실을, 성공보다 성별된 생활을 가르쳐야 한다. 기도하며 진리 안에서 행할 때, 우리의 정신이 맑아지고 복잡한 사고가 정리되는 것을 경험한 사람이라면, 그러한 은총과 진리 가운데 양육된 자녀들이 강건해지고 종래 형통하게 됨을 믿을 것이다.

기도하며 진리 안에서 행할 때, 우리의 정신이 맑아지고 복잡한 사고가 정리되는 것을 경험한 사람이라면, 그러한 은총과 진리 가운데 양육된 자녀들이 강건해지고 종래 형통하게 됨을 믿을 것이다. 사도 바울은 하나님을 아는 지식이 가장 고상하다고 하였다. 모든 일에 일체의 비결을 배웠다고 했다.

자녀들이 진리 안에서 행함 보다 더 큰 즐거움은 없다. 기도하고 진리 안에 행함으로, 우리 인생도 구슬 꿰듯 아름답게 꿰어지는 인생이 되어야 할 것이다. 壎

주 예수를 임대(?)

우리는 낮에 속하였으니 근신하여 믿음과 사랑의 흉배를 붙이고
구원의 소망의 투구를 쓰자(살전 5:8).

최근 언론을 통해 자주 오르내리는 사람들의 면면을 보면 그리스도인이 많다. 그것도 교회의 중직자들이 적지 않다. 선교센터, 기도원, 교역자들이 함께 거명될 때에는 마음이 무거워질 때가 많다.

의욕은 앞서고 내용은 뒷받침이 안 되니 무리가 되는 것이 당연한 것이다. 한국교회가 선교 2세기에 접어들면서 급성장한 여세를 몰아 사회 각 분야에 진출하고 많은 인재를 배출한 것은 사실이다. 그러나 성공적인 진출 후 성공적인 수성에는 많은 어려움을 겪고 있다. 선교 단체나 기관이 늘어나고 성경적인 이름을 딴 기관이나 문화선교 단체도 많아졌다. 또 사회적으로 지명도 높은 사람들 중에 그리스도인이라며 매스컴을 통해 당당하게 자기를 소개하는 사람들이 많아진 점도 흐뭇해할 부분이다.

그러나 사회가 총체적인 부실과 부조리를 노출하면서 그리스도인 세계 역시 예외가 아닌 모습을 보게 된다. 그럴 때 우리가 받는 충격은 훨씬 더 영적이고 정신적이고 현실적이다. 최근에 필자는 아연할 정도의 장면을 목도한 적이 있다. 부산 시내 중심가라고 할 만

한 대신동 지역에 해괴한 장면이 그려지고 있었다.

구덕운동장 옆 동아대학교 병원 입구, 구덕 터널에서 나오면 정면으로 보이는 건물 4층에 언젠가부터 "주 예수를 믿으라 그리하면 너와 네 집이 구원을 얻으리라"는 성경 구절이 튼튼하게 걸려 있었다. 4층 건물 옥상라인으로 아예 건물을 지을 때 건물 자체에 구조물화해 놓은 것을 보면 건물주인의 믿음이 대단한 것 같았다. 그런데 최근에 그 건물에 '임대' 현수막이 내걸렸다. 문제는 "주 예수를 믿으라"는 글자 위에 "믿으라"는 글자가 임대 현수막에 가려지니까 글자 내용이 '예수 임대' 라는 볼썽사나운 장면이 돼 버린 것이었다.

건물주인의 선교적인 애초 구상에 따라 건물 외벽에 게시된 멋진 성구가, 어느 날 임대를 할 국면에서는 '예수 임대' 라는 해괴한 홍보 역할을 하게 된 것이다. 필자는 차를 타고 가면서 이것을 보고 너무나 안타까움을 느꼈다.

> 의욕이 앞설 때 책임과 의무도 중요하다는 걸 염두에 두어야 한다. … 이름을 짓는 것도 중요하지만, 그 이름을 지키고 유지하기 위해 평생의 기도와 노력이 필요한 것을 명심해야 한다.

의욕이 앞설 때 책임과 의무도 중요하다는 걸 염두에 두어야 한다. 주의 영광을 드러내는 것도 중요하지만 교회의 이미지를 추락시키지 않도록 애써야 한다. 한 송이 국화꽃을 피우기 위해서도 봄, 여름, 가을이 소요되고 과정이 필요하듯이 주님의 영광도 그렇게 쉽게 얘기할 수 있는 것이 아니다.

한국교회는 저 높은 곳을 향하기보다 저 낮은 곳을 향해야 한다. 기관 이름이나 어린아이 작명을 할 때에 성경적인 이름을 짓는 것도 중요하지만, 그 이름을 지키고 유지하기 위해 평생의 기도와 노력이 필요한 것을 명심해야 한다. 壎

믿음이 없으면 의리라도

재물은 진노하시는 날에 무익하나 의리는 죽음을 면케 하느니라(잠 11:4).

신학 공부를 할 때, "목사가 되기 전에 먼저 사람이 되어야 한다."는 말을 들었던 적이 있다. 어떤 분은 "믿음이 없으면 의리라도 있어야 한다."고 하는데, 오히려 교회 안에서 의리 없는 모습을 쉽게 보는 것 같다.

미국 LPGA 대회에서 두 차례나 우승을 하고 '땅콩 스타' 로 유명한 김미현 선수 얘기다. 그녀는 한창 바쁜 시기, 고국에 귀국한 날 새벽에 혈관이 비정상이어서 장기들이 제 기능을 못하는 15개월 된 난치병 어린이를 돕기 위한 행사에 참석했다.

귀국 환영 리셉션에서 무명 시절부터 그녀를 후원한 한별텔레콤의 회장이 조건 없이 스폰서십을 내놓겠다는 선언을 했을 때다.

"대기업도 김미현 선수를 후원할 뜻을 가진 것으로 안다. 국민의 보배가 된 김미현 선수를 중소기업인 한별텔레콤이 묶어둘 수 없다."

회장의 이 말에 김미현 선수는 겸손했다.

"어려울 때 도와주신 분들을 잊을 수 없습니다. 제발 저를 한별 가족에서 빼지 마십시오."

김미현은 돈보다 의리를 선택했다. 돈과 권력을 얻기 위해서라면 끝없이 배신하고 변절하는 세태에서 '슈퍼 땅콩' 김미현 선수가 보여 줬던 의리와 인간미는 프로 선수의 운동 기량 이상으로 우리에게 잔잔한 감동을 주었었다.

> 직위와 역량은 커가고 변해가더라도 가난한 시절, 어려운 때의 마음가짐을 한결같이 유지하는 사람에게서 우리는 아름다움을 본다. … 믿음이 파선한 자처럼 마음을 변치 말고 초지일관해야 진정한 스타가 될 것이다.

소위 스타로 정상에 오르기까지는 수많은 고난을 이겨내어야 한다. 좌절과 배신감, 소외감과 깊은 고독, 가난과 배고픔의 세월이 있을 것이다. 그러나 소위 성공한 이후에는 많은 사람이 자신의 본분을 망각하고 과거를 잊어버리기 쉽다. "있는 사람이 더 무섭다."는 말이 그래서 생겼는지 모르겠다. 물론 자신이 어려운 시절을 기억하고 불우 이웃이나 소외된 계층 그리고 난치병으로 고생하는 사람들을 위안하고 돌보는 데 앞장서는 사람도 있다. 직위와 역량은 커가고 변해가더라도 가난한 시절, 어려운 때의 마음가짐을 한결같이 유지하는 사람에게서 우리는 아름다움을 본다.

필자가 대학에서 교목으로 학생들과 수년 간 지내오면서 느낀 것 중의 한 가지가 개구쟁이들이 더 의리가 있더라는 것이다. 애를 먹이고 개구쟁이 역할을 톡톡히 하면서 여러 사람을 괴롭혔던 사람이, 의리를 지켜 세월이 지난 후에 진한 감동을 보일 때 "야생마가 준마가 된다."는 말을 실감한다.

"개구쟁이라도 좋다."가 아니라 개구쟁이로 자랄지라도 마음에 구김살이 없는 한결같은 의리파가 그리운 시절이다. 믿음이 파선한 자처럼 마음을 변치 말고 초지일관해야 진정한 스타가 될 것이다. 壎

애를 먹이고 개구쟁이 역할을 톡톡히 하면서 여러 사람을 괴롭혔던 사람이, 의리를 지켜 세월이 지난 후에도 그 진한 감동을 보일 때 "야생마가 준마가 된다."는 말을 실감한다.

추억 남기기

내 백성아 너는 모압 왕 발락의 꾀한 것과 브올의 아들 발람이 그에게 대답한 것을 추억하며 싯딤에서부터 길갈까지의 일을 추억하라 그리하면 나 여호와의 의롭게 행한 것을 알리라 하실 것이니라(미 6:5).

시간은 부지런히 가고 삶의 모습들도 시시각각 변해간다. 머무르고 싶었던 순간들도 지나가고 악몽 같은 시간도 흘러간다. 최근, 18년 만에 동심의 추억을 개봉한 타임캡슐 얘기를 접한 적이 있다.

어릴 때 선생님이 사주기로 한 아이스크림 약속을 어른이 되어 만나서 추억을 나눈 사연, 제2차 세계대전 때 유대인을 구해 준 것을 기념하여 담근 평화의 포도주 얘기를 들으면서 잔잔한 충격을 받았다. 모두들 삶의 분주한 시간 속에서 추억마저 너무 쉽게 잊어버리는 것이 아닌가 하는 아쉬움이 있을 즈음 신선한 그 무엇이 되어 주었다.

백화점이나 편의점에 가면 웬만한 것들이 즉흥적으로 쉽게 해결되는 세상이지만, 워낙 유행도 쉬이 바뀌고 사람도 빨리 변해가니 아름다운 추억이 남을 틈이 없기도 한 것이 요즘이다.

선거철이 되면 애국자도 많고, 지역 경제를 염려하고 향토를 사랑한다고 자처하는 사람들이 앞다투어 떠들지만 미덥지 못한 것은 누구나 느끼는 마음이다. 선거철에만 불쑥 나타나 고향 사랑을 강변할 것이 아니라 평소에 쌓아 놓은 고향 사랑의 추억을 보고 싶다. 선거 유세시 90도 각도로 절하는 자세의 반의 반 만큼이라도 평소에 덕을 쌓았더라면 하는 아쉬움이 있다.

우리는 역사 의식을 가지고 살아가야 한다. 그리고 자신의 뒷모습에 신경을 써야 한다. 근래에 한국기독교역사연구소에서는 '개교회사 집필법' 강좌를 마련하면서 개교회사 집필의 이론적인 토대와 실제적인 방법들을 지적해 주었다.

교회마다 수십 년이 지나 역사 자료집을 발간할 때쯤이면 제대로 된 자료가 남아 있지 않아서 애를 태우는 경우가 많다. 역사 의식을 가지고 평소에 기록을 남기고, 사진이나 자료를 잘 보관해 두는 것이 그만큼 중요하다. 교회마다 미니 박물관이나 최소한 역사 캐비닛이라도 하나 있어야 한다.

75년이 된 시골의 한 교회에서는 새로 부임해 온 젊은 목사가 그 동안 한번도 정리되지 않은 교회 역사를 정리하면서, 90세가 넘은 할머니를 방문해서 역사의 증언을 청취함으로써 비로소 교회의 뿌리를 밝혀내고 교회 사료를 확보했다는 얘기를 들은 적이 있다.

일본의 한 초등학교에서는 18년 전 초등학교 졸업식 때 봉인된 타임캡슐을 개봉해서 화제를 모았었다. 나카노구 소재 초등학교 3개 반 졸업생 120명이 지난 82년 3월 졸업 기념으로 "2000년 춘분날에 만나자"며 교문 옆에 타임캡슐을 보관하고, 어머니들이 졸업생들의 소재를 파악해서 어린 시절의 소중한 추억을 되살렸다고 한다.

이스라엘의 포도주 제조업자는, 제2차 세계대전 중 리투아니아

주재 일본 영사대리를 지내면서 유대 난민들에게 비자를 발급해서 많은 인명을 구출한 '일본의 쉰들러' 스기하라 지우네 씨를 기념하기 위해서 '평화의 상징' 으로 평화의 포도주를 만들었다는 보도도 있었다.

> 우리는 역사 의식을 가지고 살아가야 한다. 그리고 자신의 뒷모습에 신경을 써야 한다. … 모든 것이 클릭 한 번으로 통하는 초정보 사회를 살아가면서 더욱 소중한 추억과 세월의 무거움을 생각해 본다.

모든 것이 클릭 한 번으로 통하는 초정보 사회를 살아가면서 더욱 소중한 추억과 세월의 무거움을 생각해 본다. 선거를 앞두고 다급한 정치 현실의 모습과는 대조적이다. 우리는 역사의식을 갖고 작은 추억이라도 챙겨서 우리의 역사적 뒷모습이 세월 속에 곱게 남도록 살아야 하겠다. 壎

선물의 명암

선물한다고 거짓 자랑하는 자는 비 없는 구름과 바람 같으니라(잠 25:14).

명절이 되면 사방에서 선물을 준비한다고 야단이다. 고향에서는 계란 한 꾸러미, 쇠고기 한 근, 양말 한 세트라도 고맙게 받는 이웃이 있지만 일부 계층에서는 250만 원대 골프채, 100만 원대의 자연산 송이 세트, 50만 원짜리 상품권 세트도 날개 돋친 듯 나간다고 한다. 명절의 기쁨을 나누는 정겨운 손길이 작은 선물로 표현되는 것은 좋지만 도가 넘어서는 모습을 보면 선물의 의미를 다시 한번 생각하게 된다. 이런 때 소박한 명절을 쇠던 옛날이 그립기만 하다.

명절을 의미 있게 보내기 위해서는 명절의 참의미를 새기며 가꾸어야 할, 명절 문화가 필요하다. 어떤 교회는 추석을 앞두고 교회가 수해를 입었지만, 더 어려운 이웃을 돌보기 위해 수해를 당한 170세대 지역 주민들에게 밀가루와 설탕, 식용유 세트를 전달하고 노인들에게는 쌀과 라면, 의류를 전달했다고 한다. 전 국가대표 체조 선수로 연습 도중 사고를 당해 하반신 마비 장애를 입었던 선수는 장애인들에게 외출의 기쁨을 전해 주기 위해 휠체어 70대를 추석 선물로 내놓기도 했다.

선물은 마음과 정성을 담은 것으로서 부담이 없어야 된다. 허례와 허식이 많은 삶의 거품을 빼고 선물 하나에도 삶의 철학을 담아 낼 수 있어야 한다.

그러나 일부 정치인들 사이에는 명절을 전후해서 의식적이든 무의식적이든 각종 인사의 명목으로 뇌물성 금품이 오가는 것 같다. 대형 백화점 선물세트 매장이 전례 없는 명절 특수를 누리고 있다는 보도는 우리 마음을 씁쓸하게 만든다. IMF를 고비로 자리잡은 절약형 소비가 경기 회복을 틈타 뇌물성 소비 형태로 되돌아가는 것이 아니냐는 우려도 일고 있다. IMF 이후 중산층 붕괴가 가속화되어 저소득층이 급증하고 양극화 현상이 더해 가면서 고향에 가지 못하고 전화로 안부를 전해야 하는 가정도 있다는 세태에서 아쉬운 소식이다.

선물은 마음과 정성을 담은 것으로서 부담이 없어야 된다. 허례와 허식이 많은 삶의 거품을 빼고 선물 하나에도 삶의 철학을 담아 낼 수 있어야 한다. 옛날 독일에서 경건주의 운동이 일어날 때에는 경건 서적을 많이 읽었다. 좋은 신앙서적을 선물해서 명절에 텔레비전에 매이는 시간을 줄여 독서삼매경에 빠지는 것도 좋은 일이다.

선교사들이 귀국하면 너무 밥을 많이 사주어서 고민이라고 한다. 시간이 너무 많이 소비되고, 비싼 돈이 아깝고 소모적일 때가 많다. 가난했던 시절에는 밥 한 그릇 먹는 것도 소중했지만 요즘 시대는 좀더 의미 있게 선물과 만남도 기도로 포장을 해야 될 것이다.

선교지 기념품, 카드 한 장은 많은 의미를 담고 있다. 문화행사 초대권을 통해 억지로라도 가족과 함께 생각 깊은 시간을 가지게 하는 것도 귀한 선물이 될 것이다.

시골 노부모님께 큰 글자 성경을 한번 사 드리는 것은 어떨까? 그러고 보면 선물도 상대방을 잘 관찰하고 평소에 대화가 있어야 작지만 필요한 것을 할 수 있다. 壎

마음의 속도를 늦추자

우리가 세상의 영을 받지 아니하고 오직 하나님께로 온 영을 받았으니 이는 우리로 하여금 하나님께서 우리에게 은혜로 주신 것들을 알게 하려 하심이라 우리가 이것을 말하거니와 사람의 지혜의 가르친 말로 아니하고 오직 성령의 가르치신 것으로 하니 신령한 일은 신령한 것으로 분별하느니라 육에 속한 사람은 하나님의 성령의 일을 받지 아니하나니 저희에게는 미련하게 보임이요 또 깨닫지도 못하나니 이런 일은 영적으로라야 분변함이니라 신령한 자는 모든 것을 판단하나 자기는 아무에게도 판단을 받지 아니하느니라 누가 주의 마음을 알아서 주를 가르치겠느냐 그러나 우리가 그리스도의 마음을 가졌느니(고전 2:12-16).

새해를 맞이한 지가 엊그제 같은데 봄이고, 꽃이 피는가 싶었는데 앉아만 있어도 등에 땀이 흐르는 여름이 온다. 끝날 것 같지 않은 폭염도 어느새 찬 바람에 그 기세를 꺾고, 낙엽이 떨어지는 몇 날이 지나면 금방 눈발이 날린다. 우리도 모르는 사이 세월은 너무도 빨리 지나간다.

문제는 이렇듯 세월을 의식하고, 나이를 의식하다보면 초조해지고, 그래서 더욱 분주함 속에 자신을 내어 던지게 되는데 있다. 분주함은 참으로 위험한 요소이며, 우리의 영혼을 황폐케 하는 인생의 적이라고 할 수 있다.

분주한 일이 많을수록 마음의 속도를 늦추어야 하는 원리를 깨닫게 된다. 우리는 새해를 시작할 때 가졌던 겸허한 마음, 즉 늘 초심으로 돌아가고, 기본으로 돌아가야 한다. 모든 것은 마음에서 시작된다. 마음이 분주하면 삶도 분주해진다. 삶이 분주해지면 삶이 주는 풍요와 깊은 맛을 느낄 수 없다.

우리의 마음은 자동차와 같아서 마음이 너무 분주하면 마음을 통제하기 어려워진다. 나아가 마음을 통제할 수 없는 상태에 이르면 분별력이 상실된다.

인생에 있어 열심히 사는 것이 곧 성공하는 것은 아니다. 많은 일을 시도한다고 성공하는 것도 아니다. 지혜롭게 살고, 지혜롭게 일해야 삶이 행복하고 또 소중한 것들을 성취하게 된다. 바쁘게 산다고 해서 많은 것을 성취할 수 있다. 얼마나 많은 일을 시도했느냐보다는 어떻게 일했느냐가 더 중요하다. 일의 열매는 일의 방식이 결정짓는다. 때문에 일하는 속도와 일의 양보다는 일하는 방식이 중요한 것이다.

우리의 마음은 자동차와 같아서 마음이 너무 분주하면 마음을 통제하기 어려워진다. 나아가 마음을 통제할 수 없는 상태에 이르면 분별력이 상실된다. 분별력은 인생에 있어서 매우 중요한 요소이다. 분별력이 지혜이고, 분별력이 깨달음이기 때문이다. 올바른 분별력이 있을 때 올바른 선택을 하게 되고, 올바른 선택은 풍성하고 아름다운 미래를 창조한다.

여기서 중요한 것은 올바른 분별력을 키우기 위해서는 마음의 속도를 늦추어야 한다는 사실이다. 마음의 속도를 늦출 때 더 잘 들을 수 있고, 더 잘 볼 수 있고, 더 잘 느낄 수 있으며, 정확하게 판단할 수 있다.

> 마음의 속도를 늦추면 마음을 다스리는 지혜를 얻는다. 그러나 마음을 다스린다는 것이 우리가 마음의 주인이 된다는 것을 의미하는 것은 아니다. 마음을 다스린다는 것은 마음을 우리의 주인 되신 예수님께 내어 드리는 것을 의미한다.

마음의 속도를 늦추면 마음을 다스리는 지혜를 얻는다. 그러나 마음을 다스린다는 것이 우리가 마음의 주인이 된다는 것을 의미하는 것은 아니다. 마음을 다스린다는 것은 마음을 우리의 주인 되신 예수님께 내어 드리는 것을 의미한다. 예수님께서 우리의 마음을 다스려 주시는 것을 말한다. 예수님께서 우리의 마음을 다스려 주실 때에만 인생이 풍성해진다. 아름다운 삶을 누리게 되며, 분주했던 우리의 마음은 잔잔한 호수와 같이 고요해지고 질서를 잡게 된다.

우리는 지금 속도가 중요한 시대에 살고 있다. 그러나 그 속도에 함몰되어서는 안 된다. 우리는 계속 성장하고 변화 받아야 하지만 급하고 분주해서는 안 된다. 마음의 태도는 늘 처음처럼 겸손하고 소박해야 한다. 급하게 이루는 것은 하나의 이벤트일 뿐이다.

삶의 속도를 조절하라. 특히 마음의 속도를 늦추라. 그러할 때 더욱 지혜롭고 분별력 있는 삶을 살아가게 될 것이다. 우리의 문제는 우리 밖에 있는 것이 아니라 우리 안에, 결국 우리 마음 안에 있음을 늘 기억하고 마음의 속도를 늦추는 지혜를 가져야겠다. 壎

세월의 향기를 느끼며… 나이 듦의 미학

전도자가 가로되 헛되고 헛되며 헛되고 헛되니 모든 것이 헛되도다 사람이 해 아래서 수고하는 모든 수고가 자기에게 무엇이 유익한고 한 세대는 가고 한 세대는 오되 땅은 영원히 있도다(전1:2-4).

세월이 참 빨리 흘러간다. 붙잡을 수 없는 것이 세월이다. 나이가 들어간다는 것이 각박한 세상을 사는 현대인들에게는 '한물갔다는 것' 과 같은 의미로 들릴 수도 있지만, 동시에 연륜이 곧 지혜임을 우리는 주위 사람들을 통해서나 혹은 들어서, 또 몸소 체험해서 깨닫게 된다. 일상에서 필연적으로 형성되어지는 책임감과 도전은 궁극적으로 성숙을 내딛기 위한 고통을 수반하기도 하며, 그런 경험을 쌓아가다 보면 자기 존중감과 함께 자신의 인생에 대한 주인 의식을 갖게 되는 것이다.

> 인생이란 점점 더 확대되는 것이지 축소되는 것은 아니다. … 인생을 참으로 부요하게 만드는 것은 우리의 내면에 있다. … 모든 아름다움은 보이지 않는 곳에서 시작된다.

나이가 들어가는 것이 비록 서글프게 느껴진다 할지라도 나이라는 것은 성숙의 기쁨을 누릴 수 있게 하는 중요한 조건이 아닐 수 없다. 인생이란 점점 더 확대되는 것이지 축소되는 것은 아니다. 고백하지만 나이가 들어갈면 깨달음이 깊어진다. 이전에 몰랐던 것을 알게 되고, 한 면만 보았던 예전의 좁은 시각에서 벗어나 양면을 보는 시야를 얻게 된다. 이전에 이해하지 못했던 인생을 헤아리게 되고, 납득하지 못했던 사람들을 이해하게 되며, 이전에 묵상에 그쳤던 말씀을 깊이 깨닫게 된다. 해 아래 수고하며(전1:3) 살아온 날들이 쌓여가면서 고난 속에 감추인 축복이 있다는 사실을 알게 되고, 모든 고통에는 뜻이 있다는 것도 깨닫게 된다. 우리가 만난 모든 사람들은 우연이 아니라 하나님의 섭리 속에 형성된 관계였다는 것도 알아간다. 그러므로 나이가 들어간다는 것은 아름다운 것이며, 그것은 세월의 향기를 만들어낸다.

약간 쌀쌀한 날씨에 붉게 물든 황혼은 가슴을 뭉클하게 만든다. 분주하게 사는 동안 붉은 황혼의 아름다움도 보지 못하고 살았다. 잠시 멈추어 하늘을 바라보고, 숨을 들이마시면서 살아 있다는 사실에 감사하는 시간을 가져 본다. 인생을 참으로 부요하게 만드는 것은 우리의 내면에 있다. 우리 내면에 있는 영혼의 창이 맑아지면 모든 것을 아름답게 볼 수 있는 지혜를 갖게 된다. 지혜로운 사람은 모든 것으로부터 아름다움을 찾는다. 그 아름다움은 영혼의 창이 맑아지면 찾게 된다. 그리고 영혼을 잘 가꿀 때 향기가 나는 인생을 살 수 있다. 날마다 영혼을 가꾸고, 보이지 않는 곳에 있다고 소홀히 하지도 말아야겠다. 모든 아름다움은 보이지 않는 곳에서 시작된다. 그러므로 보이지 않는 영혼을 아름답게 가꾸는 것이 소중하다.

> 땅에 떨어진 낙엽을 보면서 모든 것을 품어 살리는 땅이 참으로 위대하다는 생각을 하게 된다. 땅은 낙엽을 모두, 말없이 품는다. 그러고는 그것을 자양분으로 만들어 다시 나무로 보낸다. 땅이 우리에게 가르쳐 주는, 품는 사랑은 위대한 사랑이다. 사랑의 극치는 품는 데 있다.

깊은 가을, 우수수 떨어진 낙엽을 보면서 자연의 흐름을 배우고, 인생을 배우게 된다. 우리 모두는 언젠가는 떨어질 낙엽처럼 살아가고 있기 때문에 서로를 더욱 사랑하고, 더욱 아끼고, 더욱 품어야 한다. 땅에 떨어진 낙엽을 보면서 모든 것을 품어 살리는 땅이 참으로 위대하다는 생각을 하게 된다. 땅은 낙엽을 모두, 말없이 품는다. 그러고는 그것을 자양분으로 만들어 다시 나무로 보낸다.

땅이 우리에게 가르쳐 주는, 품는 사랑은 위대한 사랑이다. 사랑의 극치는 품는 데 있다. 그러나 우리는 대지가 아니다. 연약하고 쉽게 상처받는 한 인간에 불과하기 때문에 품는 사랑을 하는 것이 쉽지 않다. 그렇기 때문에 우리는 대지와 같은 넓은 가슴으로 품어 주시는 하나님 아버지께 나아가야 한다. 품어주시는 사랑을 늘 경험할 뿐만 아니라 그 하나님의 사랑으로 사람들을 가슴에 품는 따뜻한 사람들이 되기를 바란다. 壎

좋은 만남, 좋은 관계

복 있는 사람은 악인의 꾀를 좇지 아니하며 죄인의 길에 서지 아니하며 오만한 자의 자리에 앉지 아니하고 오직 여호와의 율법을 즐거워하여 그 율법을 주야로 묵상하는 자로다(시1:1~2).

한 사람의 일생은 수많은 만남의 과정을 통하여 이루어진다. 창세기에 보면 하나님께서는 사람의 독처하는 것이 좋지 못하니 돕는 배필을 지어주셨다. 사람은 누군가와 함께 만남을 통하여 관계를 형성하며 살아가게 된다. 그 만남 중에는 디딤돌 같은 사람이 있고, 거침돌처럼 성가시게 느껴지는 사람도 있다.

우리 주변에는 요셉과 같이 그 자신뿐만 아니라 자기가 일하는 곳에까지 여호와의 복을 미치게 하는 사람이 있다. 시편 1편 기자가 말하는 복 있는 사람이 바로 이와 같은 사람이다. 반면에 만남의 고통도 있다. 신문이나 TV를 통해 종종 중요한 위치에 있는 한 사람이 잘못된 만남 때문에 큰 화를 당하는 것을 본다. 사무엘하 7장에는 사람이 죄를 범하면 하나님께서 사람 막대기와 인생 채찍으로 징계하신다고 기록하고 있다. 만남 자체가, 막대기와 같이 아프고, 채찍과 같다면 그것만큼 인생을 고통스럽게 하는 일도 없으리라.

하나님께서는 사람을 통해서 축복하시고, 또한 사람을 통해서 심판을 하신다. 복있는 사람은 악인의 꾀를 좇지 않고, 죄인의 길에 서지 않고, 오만한 자의 자리에 앉지 않는다(시1:1)고 했다. 만남의 분별력이 필요하다.

> 내 마음에 드는 사람만 좋아하는 것은 사랑이 아니다. 사랑은 상대방이 누구이든지간에 상대방의 좋은 면을 먼저 보고 상대방의 더 나은 반응을 이끌어내는 능력이다. … 그러므로 주도적으로 좋은 관계를 만드는 능력이 사랑의 힘이다.

좋은 만남을 위해서는 우선 인사를 잘하고 인사를 잘 받아야 한다. 인사는 받는 사람보다 하는 사람에게 좋다. 만나는 사람마다 축복을 유통하라. 좋은 만남을 지속시키기 위해서는 또 나쁜 말을 유통시키지 말고, 좋은 말은 반복하고 계속 유통시키라. 기적이 나타나게 될 것이다. 좋은 것은 전하다가 내가 복을 받게 된다. 사람들은 좋은 말은 건성으로 듣고, 안 좋은 말은 심각하게 듣는 경향이 강하다. 그러나 그런 취향은 자기 자존감만 낮아지게 할 뿐이다. 만나는 사람마다 잘 되기를 기도하면 하나님은 온갖 좋은 것을 나를 통해서 유통시키신다.

하나님께서 복을 주실 때는, 오늘 내가 만나는 사람을 통해서 나에게 복을 주신다. 즉, 하나님의 축복을 받지 못한 사람을 만나고, 자기 인생의 비참함 것을 나누니까 점점 어려워지는 것이다. 나쁜 것은 나에게서 끝내는 것이 지혜다. 하나님의 은혜와 지혜를 유통하라.

한편, 내 마음에 드는 사람만 좋아하는 것은 사랑이 아니다. 사랑은 상대방이 누구이든지간에 상대방의 좋은 면을 먼저 보고 상대방의 더 나은 반응을 이끌어내는 능력이다. 어떤 사람을 나쁘다고 생각할 때는 그 사람이 나쁜 것이 아니고 그 사람과 나와의 관계가 나쁜 것이다. 그러나 그 사람이 나와의 관계는 서먹해도 다른 관계는 좋을 수 있다. 그러므로 주도적으로 좋은 관계를 만드는 능력이 사랑의 힘이다.

상대방의 허물을 먼저보지 말고 좋은 면을 먼저보라. 운전은 자기 혼자서 잘한다고 되는 것이 아니다. 사고는 내가 운전하고 가는 차와의 이웃한 차들의 운전 실수로 일어나는 경우가 더 많기 때문이다.

> 남의 허물이 많이 보이면 하나님께 기도하라. 내가 어떤 마음을 가지고 있느냐에 따라서 보는 것도 달라진다. … 참사랑이란 한때 낭만적인 기분이 아니라 다툼 후에도 화해할 수 있는 능력이다.

남의 허물이 많이 보이면 하나님께 기도하라. 내가 어떤 마음을 가지고 있느냐에 따라서 보는 것도 달라진다. 하나님이 나를 보실 때는 내가 남을 보듯이 하시는 것이 아니라 하나님의 사랑의 눈으로 나를 보시고 미래의 가능성을 보고 현재의 나를 기뻐하신다.

참사랑이란 한때 낭만적인 기분이 아니라 다툼 후에도 화해할 수 있는 능력이다. 관계없이 사는 사람, 관계가 좋지 않게 살아가는 사람은 불행하다. 그러나 서로 잘 지내는 것만이 좋은 것이 아니다. 불행한 가정일수록 다툼도 없다. 다툼이 좋은 것은 아니지만 화해만 할 수 있으면 가끔 싸우는 것도 적극적인 대화가 되어서 좋다.

추운 날의 커피 한잔처럼, 낙심했을 때 한 장의 격려의 쪽지처럼 남들에게 위로와 축복의 통로가 되자. 다른 사람이 나보다 잘하는 것이 좋아지고 기뻐지면 그것이 단기적인 행복이요, 장기적인 성공의 비결이다. '칭찬은 고래도 춤추게 한다.' 는 말이 왜 나왔겠는가. 칭찬과 격려, 축복을 유통하는 사람이 되자. 壎